理性地判断，建设性地表达

认真锻炼身体，还要适当减肥。熬过漫长冬季，等待春风吹回。

插画摘自 @ 老树画画

决策之道

·越重要的人越需要·

正和岛 主编

第6辑

中国财富出版社有限公司

图书在版编目（CIP）数据

决策之道 . 第 6 辑 / 正和岛主编 . — 北京 : 中国财富出版社有限公司 , 2022.12

ISBN 978-7-5047-7843-7

Ⅰ . ①决…　Ⅱ . ①正…　Ⅲ . ①企业管理 — 经济决策　Ⅳ . ① F272.15

中国版本图书馆 CIP 数据核字（2022）第 236502 号

策划编辑　郑晓雯　　**责任编辑**　张红燕　郑晓雯　　**版权编辑**　李　洋

责任印制　梁　凡　　**责任校对**　卓闪闪　　**责任发行**　董　倩

出版发行　中国财富出版社有限公司

社　　址　北京市丰台区南四环西路 188 号 5 区 20 楼　　**邮政编码**　100070

电　　话　010-52227588 转 2098（发行部）　　010-52227588 转 321（总编室）

010-52227566（24 小时读者服务）　　010-52227588 转 305（质检部）

网　　址　http://www.cfpress.com.cn　　**排　　版**　北京正和岛信息科技有限公司

经　　销　新华书店　　**印　　刷**　鑫艺佳利（天津）印刷有限公司

书　　号　ISBN 978-7-5047-7843-7 / F・3506

开　　本　787mm × 1092mm　1/16　　**版　　次**　2023 年 1 月第 1 版

印　　张　7.25　　**印　　次**　2023 年 1 月第 1 次印刷

字　　数　154 千字　　**定　　价**　198.00 元

决策之道

·越重要的人越需要·

地址 | 北京市海淀区中关村东路1号院清华科技园创新大厦B座9层（100084）
电话 | 010-62539800

正和岛官方微信 | zhenghedao
正和岛APP | 正和岛
正和岛微博 | @正和岛标准
正和岛网站 | www.zhisland.com

本书采用环保纸印刷

寒冬即将过去，春天就要到来

王林
中国民主促进会中央经济委员会副主任
正和岛首席经济学家

《决策之道（第6辑）》是2022年的最后一辑，也是在党的二十大指引新征程的背景下诞生的一辑，因此，它的主题词是"解题中国式现代化 新格局里企业家的新方位"，意在为广大企业家朋友提供一些面向未来的启发。

比如，在"专题"中，我与郑永年、贾康两位经济学家从各自的视角解读了党的二十大，特别是党的二十大强调的中国式现代化的内涵，并探讨其中蕴含的关乎民营企业、民间资本的未来的意义。另外，针对近期公共舆论中的一些大众关切的、可能为民营企业家带来疑虑与困惑的话题，例如供销社重回公众视野、"公私合营"等，安邦智库的贺军先生也撰文加以剖析，并就如何稳住企业信心、企业家信心提出了中肯的建言。

在"案例"部分，我们的《决策之道》编辑部也挑选了3家有代表性的企业，对话4位企业经营者，挖掘这些企业经营者面对未来的眼光与道路，其中有深耕农业灌溉这一传统产业的上海华维可控农业科技集团董事长吕名礼，有"最中国的德国企业"、菲尼克斯（中国）投资有限公司总裁顾建党，有焕发新颜的老牌国货红蜻蜓的创始人钱金波、接班人钱帆父子俩。他们经营的领域不同，但都葆有在这个时代愈加难能可贵的、奋发有为的企业家精神，以及逆流而上、锐意创新的成功经验。

面对未来，我们不仅要看得懂新时期，也要看得懂大周期，周期的力量是确乎存在的。《决策之道》的老朋友田涛老师也带来了新作《"四大周期律"与企业生存法则》，这篇文章历经数月打磨，字里行间都带着极强的哲学思辨与时空洞察，值得企业家朋友细细研读。

就在编辑部筹备选题时，国家层面动作频频：

2022年12月2日，中共中央召开党外人士座谈会，一个关键词是大力提振市场信心，稳字当头、稳中求进。这是主旋律。

2022年12月6日，中共中央政治局召开会议，明确指出2023年是全面贯彻落实党的二十大精神的开局之年，要更好地统筹疫情防控和经济社会发展，不再强调动态清零，这是一个非常重大的转变。

2022年12月15日至12月16日，中央经济工作会议召开，指明了2023年我国面临的形势与工作重点。会议要求切实落实“两个毫不动摇”，针对社会上对我们是否坚持“两个毫不动摇”的不正确议论，必须亮明态度，毫不含糊。各级领导干部要为民营企业解难题、办实事，构建亲清政商关系。

我们能越来越清晰地认识到中国2023年经济工作的定调：经济一定要发展。2023年将是一个反弹之年——发展经济，发展民生，号召“坚持真抓实干，激发全社会干事创业活力，让干部敢为、地方敢闯、企业敢干、群众敢首创”。

“沧海横流，方显出，英雄本色。”从某种意义上说，企业已经迎来了抄底的时候，很多资源已经在以地板价出让。谁敢往前闯，谁就能得到优势。在党的二十大后的开局之年，政策的方向已经清晰，我也相信，正和岛上的8000多位企业家一定会在中央精神的鼓励、指引下，把握好经济反弹的机会。

寒冬即将过去，春天就要到来。让我们一起拥抱这个春天吧！

王林

扫描二维码
加入《决策之道》共读会
一起讨论，分享笔记、收获

目录

专题 THEME

民营企业的发展与中国式现代化

王林 独家口述

中国民主促进会中央经济委员会副主任
正和岛首席经济学家

如何解读党的二十大报告中对中国式现代化的阐述？如何理解当前民营企业的发展环境？民营企业下一步的发展机会又是什么？《决策之道》特别邀请正和岛首席经济学家王林做此次分享。

如何理解中国式现代化

现代化国家的经济特征有三个标准：第一个标准是生产力水平高度发展，主要体现在人均国内生产总值（人均GDP）上；第二个标准是经济运行体系要比较成熟，经济平稳发展，价格汇率稳定，宏观调控也较好；第三个标准是国际化，现代化国家的国际化水平都是比较高的。这三个标准必须同时满足，才属于世界意义上的现代化。

党的二十大报告提出要"以中国式现代化全面推进中华民族伟大复兴"，这个提法有三个关键点：第一，中国式现代化是中国共产党领导的社会主义现代化；第二，中国式现代化具有各国现代化的共同特征；第三，中国式现代化有基于中国国情的中国特色。在理解中国式现代化的时候，一定要关注这三点，少一点都不是中国式现代化。

中国式现代化有五大特征。

第一，中国式现代化是人口规模巨大的现代化。对于企业家来说，这包含着巨大的商机，因为现代化的国家是有人均GDP的标准的。截至2021年，中国人均GDP已超1.2万美元，仍属于发展中国家的范畴。要实现中国式现代化，人均GDP有三个节点：超过2万美元，就达到了发达国家的初步标准，我们现在还差不到8000美元；达到4万到

6万美元，就属于中等发达国家水平；要成为高等发达国家，就要达到8万美元左右。

中国有14亿多人口，超过了现有发达国家人口的总和，一旦实现现代化，将彻底改变世界的财富版图，也会给企业家带来巨大的市场机会。

中国式现代化为什么是史无前例的现代化？英国实现现代化的时候，人口不到600万；美国实现现代化的时候，人口不到8000万；截至2019年，全世界实现现代化的国家和地区的总人口还不到10亿。中国有14亿多人口，超过了现有发达国家人口的总和，一旦实现现代化，将彻底改变世界的财富版图，也会给企业家带来巨大的市场机会。所以，中国是充满希望的国家。

第二，中国式现代化是全体人民共同富裕的现代化。共同富裕是中国特色社会主义的本质要求，也是长期的历史过程。作为现代化的后发国家，中国的起点是很低的：1949年新中国成立时，中国的现代工业产值占全部工农业总产值的比例只有17%。就人均GDP来说，1949年美国是1453美元，英国是773美元，印度是57美元，巴基斯坦是51美元，阿富汗是50美元，而新中国当时的人均GDP才27美元。现在，中国人均GDP已经增长到了1.2万美元，发展之快确实是非常惊人的。

共同富裕的现代化有一个特点：从零次分配到初次分配、再分配，再到第三次分配，都要按照市场规律和社会发展规律实现。初次分配主要是通过市场、企业努力创造财富，实现财富增长；再分配则通过以税收为主的手段进行；第三次分配就是慈善、捐献。那么零次分配是什么？有两个重要的指标：教育程度和金融支持的可获得度。中央一再强调，共同富裕不是“一刀切”，而是把蛋糕先做大，先富带后富，在自愿的基础上进行第三次分配。

习近平总书记指出：“我国现代化同西方发达国家有很大不同。西方发达国家是一个‘串联式’的发展过程，工业化、城镇化、农业现代化、信息化顺序发展，发展到目前水平用了二百多年时间。我们要后来居上，把‘失去的二百年’找回来，决定了我国发展必然是一个‘并联式’的过程，工业化、信息化、城镇化、农业现代化是叠加发展的。”

第三，中国式现代化是物质文明和精神文明相协调的现代化。党的二十大报告指出，物质贫困不是社会主义，精神贫乏也不是社会主义。这给中国的文化、旅游等相关产业带来很大机会，可以深入发掘商业价值。例如，中国曾经流行过日韩文化，如韩国电视剧和音乐、日本动漫等，而现在国潮已经成了在中国生长出来的新浪潮，在北京王府井、西单等商圈都可以看到国外奢侈品品牌旁边出现了中国风的服装、箱包，这就是中国文化的彰显，同时中国的优秀影视作品在全世界的市场份额占比也日益提高。服务业是未来经济的重要增长点，经营精神产品的企业都可以找到新的机会。

第四，中国式现代化是人与自然和谐共生的现代化。习近平总书记向全世界做出实现“双碳”目标的庄严承诺：力争2030年前实现碳达峰，力争2060年前实现碳中和。我们要坚持可持续发展，就必须坚持节约优先、保护优先、自然恢复为主的方针，像保护眼睛一样保护自然和生态环境。所以，所有产业都有两个避不开的趋势，一是数字化，二是绿色；所有企业都要趋向绿色供应链、绿色产业链、绿色价值链；所有从事绿色产业、可再生能源产业的企业都会有巨大的市场机会。这不仅是我国的需要，也是全世界的需要。

第五，中国式现代化是走和平发展道路的现代化。西方一些国家的现代化，建立在对外殖民、对外掠夺上，英国的“圈地运动”、美国的“西进运动”以及奴隶贸易等，都标记了西方资本主义现代化的“原罪”，中国绝对不会走那样的道路。

在中国式现代化的道路上，民营企业的发展是重要的组成部分。为了进一步贯彻党的二十大精

物质贫困不是社会主义，精神贫乏也不是社会主义。

神、实现中国式现代化，国家发改委印发了《关于进一步完善政策环境加大力度支持民间投资发展的意见》(发改投资〔2022〕1652号)(以下简称《意见》)，其中包含6个方面，总共21条具体措施，以努力营造良好的政策环境，持续激发民间投资活力，促进民间投资的持续健康发展。

从对国家负责、对人民负责、对社会负责、对子孙后代负责的最基本要求出发，尽量节约利用资源、保护生态。

《意见》一共三次强调“一视同仁”：已确定的交通、水利等项目要加快推进，在招投标中对民间投资一视同仁；在安排各类政府性投资资金时，对民营企业一视同仁；在发行基础设施REITs(不动产投资信托基金)时，对各类所有制企业一视同仁。《意见》体现出，党的二十大进一步支持民营企业发展的信号是非常清晰的。

民营企业发展的内外问题

不过，现在民营企业的发展也存在着七大外部障碍。

一是有些人，特别是部分干部仍然持有一种公有制高、私有制低，公优私劣、公好私差的观念，在道德意识上有意无意地歧视民营经济。

二是政策法规的障碍。一些重要的政策和法规中不同程度地含有或隐含对民营经济的限制或歧视。

三是民营企业融资困难。现在的金融管理制度、政策规定和运行机制存在内在矛盾，使得中小微企业占比达到95%以上的民营企业遇到了融资难和融资贵的问题，这个问题长期没有得到根本解决。根据有关数据，民营经济获得的金融资源大概只占全国的25%。

四是税费负担的问题。现在的税费负担还是过重，这个问题同样长期没有得到根本解决。虽然新冠感染疫情以来党中央、国务院采取了很多措施减轻中小微企业负担，但从长期来看，支持民营企业的发展还要进一步减税。

五是行政垄断、自然垄断和市场垄断形成“三位一体”的垄断。一定程度上，现在仍然有这样的垄断存在，行政垄断支撑了市场垄断，市场垄断又巩固了行政垄断，行政垄断与市场垄断严重扭曲了自然垄断。

六是不同程度存在行政干预的障碍。党政部门与一些承担部分公共职能的社会服务团体和单位，凭借政策赋予的某些权力，非法干预民营企业的人事安排和正常经营。

七是民营企业家的财产和人身安全的法律保障还不够健全，执法保障也不够健全。对于民营企业的财产和企业家人身自由的非法司法行为仍然存在，不少企业家对此的担心比较多。对财产的安全保障和人身自由的安全保障贯穿于党的二十大报告中，这是要逐步解决的问题。

当然，党的二十大报告也专门谈到对民营企业要鼓励支持，但也要引导发展。民营企业要根据党的二十大的要求，高度重视自身存在的一些问题。

一是民营企业劳资关系的紧张和矛盾问题。现在全国城镇就业人口有80%以上在民营企业，因此劳资关系问题成为民营企业必须面对的最大问题，特别是2007年《中华人民共和国劳动合同法》（以下简称《劳动合同法》）出台后，这个问题更加突出了。民营企业一定要严格按照《劳动合同法》及相关法律办事，不能不和员工签订劳动协议，不能少缴甚至不缴该由企业缴纳的社会保障金。此外，还有少数民营企业拖欠员工工资，也导致民营企业的劳动关系矛盾冲突比较多，官司纠纷比较多，这特别值得注意。

企业家一定要高度洁身自好，不要挑战法律的底线。

二是民营企业对环境资源的保护问题。国有企业、外资企业、民营企业在发展中都不同程度地存在过度消耗资源和破坏生态环境的问题，民营企业的这类问题在高速发展过程中可能比其他两类企业显得更严重一些。民营企业要根据党的二十大报告中“高质量发展”的精神重新建立自身发展模式，从对国家负责、对人民负责、对社会负责、对子孙后代负责的最基本要求出发，尽量节约利用资源、保护生态，这一点任重道远。

对于民营企业家参与政治、社会、文化活动，既要积极鼓励，又要正确引导。

三是民营企业对官员的行贿问题。虽然问题是少数，但影响比较大。我们可以看到，几乎每个腐败官员的背后都有民营企业家行贿的影子。当然，民营企业家行贿，有些是被迫的，但也不排除有些是主动的，有的是主动与被动兼而有之的。北京师范大学中国企业家犯罪预防研究中心的资料显示，从2014年到2018年的5年间，被列入中国裁判文书网的刑事判决案例中涉及犯罪企业家8612人，其中民营企业家7215人，约占总人数的83.78%。在反贪腐的持续高压态势下，国家的法律已经明确了行贿与受贿是同罪的。企业家一定要高度洁身自好，不要挑战法律的底线。

四是民营企业家对于政治地位、社会头衔过度追求的问题。改革开放以来，民营企业家做了大量的社会公益活动，有些成为文化名人，有些成为社会活动家、公益慈善家等，不少人成为各级党代会代表、人大代表、政协委员以及各级工青妇、商会、协会、基金会、慈善会等社会团体的领导，对国家的政治进步、社会发展和文化繁荣都发挥了重大作用。但是，其中也出现了一些乱象，主要是极少数人像做买卖一样过度追求在各类政治、社会、文化机构及活动中谋职、谋名等，一定程度上败坏了中国的政治、社会、文化风气。对于民营企业家参与政治、社会、文化活动，既要积极鼓励，又要正确引导，要保持在适度和合法、合规、合理的范围内，尤其是要严格防止买官行为。

五是部分民营企业家斗富斗阔的问题，引起社会反感。极少数民营企业家及家属在拥有财富之后，对自身的思想意识和生活行为缺乏基本的约束，生活极其奢靡、浪费。这些行为严重地败坏了企业家群体的形象，甚至遭到了社会的愤怒谴责。这些是要高度重视的。

总之，民营企业要健康发展，除了要共同努力消除外部障碍，也要重视和逐步解决自身存在的问题。

建设中国式现代化，民企怎么干？

200多年来，绝大多数发展中国家、后发国家都没有成功实现现代化，如果中国实现了，就是人类历史上的重大事件，其影响是空前的、世界性的，将开拓出发展中国家走向现代化的途径。这个途径里有几个要点，值得民营企业家注意。

第一个要点，党的二十大报告中提出“坚持两个毫不动摇”——毫不动摇巩固和发展公有制经济，毫不动摇鼓励、支持、引导非公有制经济发展。

马克思在《共产党宣言》里明确提出，共产主义的特征并不是要废除一般的所有制，而是要废除资产阶级的所有制。所以，企业的所有者是劳动者还是非劳动者，这一点非常重要。从正和岛岛亲来看，我认为他们都是劳动者，不但有大量的脑力劳动，还有大量的体力劳动——我见过的不止一两百位企业家的工作状态是“五加二”“白加黑”“夜总会”，每天飞一座城市都是常态，说心里话，这些企业家是特别劳累的。

所以，中央提出了“两个毫不动摇”——中国要实现现代化，国有企业必须进一步做强做优做大，民营企业也一定要持续发展，同时也要有混合所有制的形式，既发挥国有企业的资源优势，也发挥民

每一次产业转移都代表着产业溢出方的产业升级，以及产业承接方的经济增长。

营企业的机制优势。这些是中央高度支持的。

2021年，国有企业的税收贡献占比是24.7%，民营企业的税收贡献占比是59.6%，外资企业的税收贡献占比是15.7%。从2012年到2020年，全国新增企业法人1854万个，其中民营企业新增法人1845万个，占比99.5%。民营企业的重要性不言而喻，所以，党的二十大报告指出，要优化民营企业发展环境，依法保护民营企业产权和企业家权益，促进民营经济发展壮大。完善中国特色现代企业制度，弘扬企业家精神，加快建设世界一流企业。支持中小微企业发展。

中国的企业家不要再搞出口产品与内销产品实行双重标准的做法了，指望价格竞争的路子是走不下去的。

第二个要点，我认为中国要实现现代化，就一定是高质量发展的现代化。大家可以看到一些报道——深圳、东莞的一些企业迁移到了东南亚的越南、菲律宾、柬埔寨等国，这种产业转移，我认为对于中国企业尤其是民营企业来说其实不是坏事。站在历史的维度上看，每一次产业转移都代表着产业溢出方的产业升级，以及产业承接方的经济增长，产业转移其实属于全球经济发展和全球化过程中的正常现象。

全世界曾经有过四次大规模的产业转移。第一次是英国在工业革命之后将产业输出到欧洲和北美洲，美国因此实现了工业化，英国则转入金融产业。第二次是美国将工业的重点放在了汽车、化工等资本密集型行业，把纺织、钢铁等产业转移到了德国和日本，结果德国和日本发展起来了，美国随后进入了高科技产业的研发阶段。第三次是日本和德国集中发展汽车、电子等高端产业，部分劳动密集型产业转移到了“亚洲四小龙”。我国1978年改革开放，其实接受的是第四次产业转移，就是欧美、日本、“亚洲四小龙”把劳动密集型产业以及机电、电子等资本密集型产业转移到中国大陆。现在，世界大概率已经进入了第五次产业转移周期，劳动密集型产业会向东南亚地区转移，而我国正在推动高质量发展，加快高端装备领域的国产化进程，促进产业转移升级。

第三个要点，坚持以内循环为主，内循环与外循环相互促进，构建新发展格局，也是中国式现代化的一个重要内容。中国的企业家在这一点上的认知应该是非常明确的，随着人口的现代化与共同富裕的推进，中国的市场人口已经超越了全部发达国家的市场人口，中国市场已经开始从数量性增长转向质量性增长了。

所以在此我强烈建议，中国的企业家不要再搞出口产品与内销产品实行双重标准的做法了——过去因为种种原因，中国出口的产品采用的是高质量标准、高生态要求标准，而内销的产品往往是低标准的，质量差，也不太环保——接下来中国要高质量发展，使用的产品也应该是高质量的。在这一点上，我认为值得学习的、用高质量产品赢得市场的企业很多，指望价格竞争的路子是走不下去的。

举一个我担任顾问的企业的例子。2008年，中国的乳业因为三聚氰胺事件遭受了很大冲击，但在行业的冲击波中，有一家企业始终屹立不倒，它就是飞鹤。飞鹤有几个特点值得其他企业借鉴。

第一，飞鹤有自己的全产业链，从土地、草种到草叶种植，从奶牛选种、养育到挤牛奶、奶粉加工，再到运输，产业链是非常完整的。2020年武汉暴发新冠感染疫情，飞鹤在武汉的奶粉配送都没有中断，因为他们有自己的车队。

第二，飞鹤始终把市场锁定在中国，提出“更适合中国宝宝体质”的产品定义，也因此没有受到关税风波的影响。

高价格支撑高质量，确保企业持续健康发展。

第三，飞鹤的产品是高标准的，他们的产品标准不仅高于国家标准，而且超过欧盟标准。

第四，飞鹤的产品高标准是高价格支撑的。买过奶粉的都知道，飞鹤的奶粉不便宜，但也知道买国产奶粉就买飞鹤。这就是高价格支撑高质量，确保企业持续健康发展。

人类社会发展的底层逻辑就是从熵增到熵减的过程。

很多正和岛上的企业家也是像飞鹤这样做的，取得了很大的成就。我认为，在中国式现代化的建设中，只要牢牢把握市场机会，领会党的二十大精神，每家企业都会迎来巨大的发展机会。

最后我要说，目前中国的企业遭遇了很大的挑战——新冠感染疫情、经济下行、新旧动能转换等，不过一定要看到，人类社会发展的底层逻辑就是从熵增到熵减的过程。全球经济在过去、现在都处于一个40年量级的熵增阶段，越来越不稳定，越来越无序，但是熵减的过程现在应该已经开始了。中国一定会在党的二十大精神的引领下，在中国式现代化的宏伟蓝图的指引下，走出目前所遇到的困境，走向更好的未来。

编辑：曹雨欣、王夏苇

我理解的中国式现代化

郑永年 撰稿

广州粤港澳大湾区研究院理事长
华南理工大学公共政策研究院
学术委员会主席

党的二十大报告首次系统地阐述了中国式现代化，首次提出了中国式现代化九个方面的本质要求。“中国式现代化”虽然只有六个字，说出来容易，但要实现并不容易，因为中国式现代化绝不是复制西方的现代化，其最鲜明的特征就是中国式——既要发展又要独立。

世界的现代化开始于18世纪60年代的英国工业革命，而后随着西欧、北美发展起来，又扩散到世界其他地方。于是，长期以来人们很容易将“现代化”理解为全盘西化，不少国家甚至将西方的现代化经验视作现代化“范本”而照抄。纵观全球，像中国这样既与世界接轨获得现代化又保持独立主权的国家是很少的。

中国式现代化的三大层面

我认为，现代化可分成三个层面：

① 物质意义上的现代化，包括公路、桥梁、高楼等基础设施与科技创新的现代化。② 以人为中心的现代化，人是文化的产物，故而要实现传统文化的现代化。③ 制度方面的现代化，这一点尤为重要，因为制度的现代化是调节物质与人的现代化的一个中间变量。

所以我们深入推进中国式现代化，就是要做到物质、人与制度这三大层面的现代化的协调发展。

物质的现代化很容易理解。在人的现代化层面上，现代化意味着必须使每个人都有进步，让每个人都有获得感。除了物质生活好起来，每个人的精神生活也要丰富起来，也就是“精神的现代化”。对于这一点，大家有共识，但又有差异性，因为不同文明、不同文化对“精神”有不同的认知和理解。

三个层面中，差异最大的是制度现代化，但制度现代化非常重要。如果把物质现代化比作纵轴，把人的现代化比作横轴，制度现代化就是中间的一个调节轴。

中国式现代化跟美国等西方国家的现代化不一样。我国是社会主义制度，美国是资本主义制度，美国的现代化是资本主导的，它的制度是倾向于资本的。以前，美国式现代化有很先进、很发达的经济技术，但是为什么现在出了问题？答案就是制度出了问题。美国的现代化创造了大量财富，但是带来了社会分化，收入分配差异越来越大，普通老百姓没有获得感，所以导致民粹主义崛起。在资本主导的现代化中，如果资本无序发展，就会导致美国等西方国家目前的单向面的、不均衡的现代化。

那么制度现代化最核心的要义是什么？是政治现代化。社会要发展，需要有一个能够领导社会进步的稳定的政治主体。中国共产党是使命型的政党，它跟西方政党不一样，拥有一股引导力量。

党的十八大以来，大规模的反腐败就是中国共产党自我纠正、自我革命的例证，是保持政党生命力的源泉之一。中国共产党通过自我革命，来领导中国的改革制度的现代化。刀刃向内的自我改革其实是非常难的，需要有莫大的勇气，但是为了发展，为了可持续，必须这么做。

建设中国式现代化的必要性

在资本主导的现代化中，如果资本无序发展，就会导致美国等西方国家目前的单向面的、不均衡的现代化。

中国共产党在实现全面建成小康社会的基础之上提出共同富裕，很有意义。因为共同富裕本质是追求社会公平，没有人喜欢富而不公的社会。

共同富裕本质是追求社会公平，没有人喜欢富而不公的社会。

不少人将“共同富裕”译成common prosperity，但我觉得，译成inclusive growth更贴切。因为共同富裕是包容式、开放式的发展，就是先富起来的人要带领后面的人一起富裕，使得每个人都有获得感，这才是一个国家走向现代化的过程。

改革开放初期，我们努力实现了一部分地区先富裕起来；而现在，中国通过大规模精准扶贫消除了绝对贫困，开启共同富裕的新征程，其核心就是要均衡发展。穷人必须有机会致富，富人则不应该垄断挖掘财富的机会。这也体现了中国特色社会主义制度的优越性——中国共产党不为特殊利益服务，为大众服务。

中国式现代化是全体人民共同富裕的现代化，也是全方位的、均衡的现代化。

一方面，中国式现代化的概念是中国传统智慧的反映，包含了中华文化精神。中国传统文化中儒家、道家都讲求均衡、平衡的思想，这运用在今天的发展理念上，就是要强调综合国力。

另一方面，我们之所以要创造中国式现代化，也源于中国一百多年来的历史经验教训。近代以来，中国的爱国者们曾先后探索过“以商救国”和“强军救国”，但都没能真正成功。有很多发达国家以及部分后发展国家，虽然某些方面看起来很现代化，但并非全方位的现代化，所以拖了社会发展的后腿。这给我们的教训是：一个国家的现代化发展应该是均衡的，而不是单一向度的。如果仅在经济上实现现代化，但没有国防的现代化是走不通的；如果仅在强军上实现现代化，但没有经济社会的现代化也不行。

从改革开放前的“四个现代化”，到党的十八大提出统筹推进“五位一体”总体布局、协调推进“四个全面”战略布局，处于新发展阶段的中国不仅注重物质上的现代化，还强调精神上的现代化。

在过去的发展模式中，一些地方由于片面追求经济发展而破坏了环境，使得经济发展不可持续，带来了负面效应，所以现在我们提倡“绿水青山就是金山银山”，正是为了实现均衡发展。我们只有推进全方位的、均衡的现代化，才能实现可持续发展。

中国式现代化的全球性意义

每个国家都不是孤立的，每个国家的现代化都既受自身条件影响，也受外部环境影响，同时又对外部环境产生影响。中国的现代化方案拓展了发展中国家的现代化路径，为许多既想发展又想实现真正独立的国家提供了一个可借鉴的模板。

五四运动时期，中国知识分子理解的现代化主要就是从西方引进的技术、制度、思想。第二次世界大战后，很多国家都将西方道路当作参照模板，但是并没有学好，也没有走好，因为没能很好地兼顾西方经验与本土的传统性。现在可以明确地说，中国需要中国式现代化新道路，通过学习借鉴好的经验，结合国情，走自己的路，来发展现代化。

中国式现代化是兼具中国性和西方性、传统性和现代性的，要“以我为主”，但并非完全排斥西方性，也不是片面的“反西方”。我们要走的是基于中国传统历史的现代化道路，而不是天上掉下来的现代化。中国的文化与文明是与时俱进的，如果被中断，就变成西方式了，这是不牢靠的。根据本国文化和本国国情，在实事求是的探索中追求现代化，既要发展又要坚持独立，这才是中国模式对其他国家的借鉴意义。

穷人必须有机会致富，富人则不应该垄断挖掘财富的机会。

从经济领域来看，坚持发展和独立，一是要扩大开放，并坚持“以我为主”。新型举国体制下的科技创新不是关起门来自己创新，而是在开放状态下的创新。二是要坚持中国特色的经济发展模式，

中国式现代化是兼具中国性和西方性、传统性和现代性的，要“以我为主”，但并非完全排斥西方性，也不是片面的“反西方”。

中国不是所谓的国家资本主义，要充分发挥国有资本、民营资本和混合所有制经济的作用。三是要实现包容性的发展，促进分享经济的发展，实现全体人民的共同富裕。

从政治领域来看，中国共产党是使命型政党，通过长远规划来实现远大使命。中国走的是政府与社会各方协商合作的治理道路，通过人大、政协、社会组织等来实现中国特色社会主义民主。

外交领域也是如此。新中国成立初期就施行“不干预”政策，现在中国强大了，仍然坚持“不干预”政策，把资源集中投入经济建设之中。

从国内来看，在社会主义初级阶段，发展仍然至关重要。尽管中国的经济总量很大，但人均GDP与一些发达国家相比仍然有差距，同时还要积极应对收入分配、老龄化、环境问题等带来的挑战。

从外部方面来看，中美关系、中国与欧盟关系近年来都遇到一定挑战，国际关系环境日趋复杂。从一些发达国家的社会衰退教训来看，在经济层面上，中国还要探索如何不断优化经济政策和调控工具，来避免经济周期带来的负面效应；在社会层面上，面对人口形势的变化，也应不断优化生育政策。

中国的现代化方案是有全球性意义的，它是普遍性与特殊性的结合。所以，我们要提出以中国的方式来应对世界各国面临的问题。中国的道路能够解决全世界共同面临的问题，也将有助于推动构建人类命运共同体。

本文首发于广州粤港澳大湾区研究院微信公众号

经整理精编

编辑：王夏苇

中国式现代化并不排斥和否定“资本推动”

贾康 独家撰稿

华夏新供给经济学研究院创始院长

党的二十大报告指出，当下我们的中心任务是依新的“两步走”战略安排，以中国式现代化为基本概念，全面推进中华民族伟大复兴，实现第二个百年奋斗目标——全面建成社会主义现代化强国。

中国式现代化，既有各国现代化的共同特征（反映共同价值的共性），更有基于自己国情的中国特色（反映中国共产党领导的社会主义现代化等个性），只讲共性或只讲个性都是片面的、不妥当的。作为个性的五个特征是：

（1）人口规模巨大、任务艰巨而复杂。

（2）追求全体人民共同富裕，实现中国特色社会主义的本质要求。

（3）物质文明和精神文明相协调，在解放生产力的基础上厚植物质基础，发展社会主义先进文化，在传承中华文明中实现人的全面发展。

（4）人与自然和谐共生，永续发展。

（5）和平发展（在合作、共赢取向下构建人类命运共同体，实现和平崛起）。

我们要认识到，中国式现代化是一个系统性工程，党的二十大报告丰富的内容都是围绕中国式现代化展开的，并且对方方面面都提出了要求。中国式现代化的本质要求是：坚持中国共产党领导，坚持中国特色社会主义，实现高质量发展，发展全过程人民民主，丰富人民精神世界，实现全体人民共同富裕，促进人与自然和谐共生，推动构建人类命运共同体，创造人类文明新形态。

中国式现代化遵循了现代化的一般规律、社会主义现代化的普遍规律、中国特色社会主义现代化的特殊规律，因此能够顺势而为。同时，中国特色社会主义制度具有既统筹全国一盘棋又调动各方面积极性，既集中力量办大事又激励地方、企业、基层首创精神的显著优势。这使得中国式现代化能够在社会主义市场经济轨道上，沿着坚持党的基本路线和深化改革开放之路，攻克一个又一个难关险关。

各类资本都是推动发展的生产要素

按照中国式现代化的内涵、特征、本质要求及相关系统论、唯物史观和辩证法的基本原理，从正面充分领会党的二十大报告关于中国式现代化的指导精神，还需要避免片面化和落入误区。

比如，网络上有声音把中国式现代化简单概括为“不是资本推动下的现代化”，其核心内容是完全否定“资本推动”（但无一字回答中国的现代化发展应以什么来推动），把资本推动这一概念与“资本主导的”“资本为中心的”和“西方的现代化”画等号，彻底加以排斥。我认为，这明显是落入了认识误区，违背了中央的指导精神，这样的认识很可能在舆论场上引发不良效应，因此有必要对此进行讨论和澄清。

从学术原理和“理论联系实际”的科学理性来看待资本，首先要与时俱进地针对现实生活中对资本概念的不当贬义化、污名化、妖魔化加以正名和澄清。现代经济生活中，资本也只是推动经济发展的供给侧要素中的一种，不论是国有资本还是非国有资本，它们必然要发挥要素供给的动力功能、推动作用并参与“按要素分配”的流程，这不以人的主观意志为转移。

必须承认，资本作为生产要素，具有推动发展的作用和参与分配的必然性。

中国在改革开放、建设社会主义市场经济的进程中，其实早已为资本正名：国营企业于20世纪80年代就已改称国有企业。国有企业掌握的资源中有什么？直观地看，当然有资产，即钱和物。这些资产的运用，理所当然是要做强做优做大企业；而“管人管事管资产”的表述，已随着国企改革的深化推进转变为突出强调“管资本”，即特别注重以国有资本价值形态的腾挪运营，来更好、更充分地发挥其推动作用，否则其就丧失了存在意义。再有，各级政府财政预算体系的改革中，相应的预算管理形式一开始就被称为“国有资本预算”。这样看下来，怎么能把资本这一概念归于贬义，对其推动作用一概加以排斥和否定呢？

不能说凡资本密集型的经济活动就是以资本为中心的、资本主义的，凡劳动密集型的就是以人民为中心的、社会主义的。

的确，国有资本之外，还有民间资本、国外资本，但在高标准法治化营商环境中，这些资本作为生产要素，对它们也只应基于“资本中性”逻辑来看待，以对接统一市场公平竞争的“竞争中性”概念——这也就必须承认，资本作为生产要素，具有推动发展的作用和参与分配的必然性。

对“现代化”概念不宜贴要素标签

在经济发展中，对各生产要素表现的合力作用，不宜直接关联“现代化”概念而陷入内涵模糊不清的谁为主导、谁为中心的标签式选择的讨论。说中国式现代化是以人民为中心的，而西方的现代化是以资本为中心的，这听起来观点很鲜明，仔细思考一下，其逻辑却是有偏差的、陷入紊乱的。

我们知道，发展市场经济，各供给侧要素需要结合发力，价值取向下并不宜以“中心”和“非中心”区分高低贵贱；至于经济的一些直观特征，如资本密集型、劳动密集型（这主要涉及高科技含量的差异）的区别化分析，其内涵和逻辑清晰，但这些是技术性的概念，完全不宜去贴“主义”标签和“中心”标签——显然，我们不能说凡资本密集型的经济活动就是以资本为中心的、资本主义的，凡劳动密集型的就是以人民为中心的、社会主义的，这些根本谈不上是“东方西方、姓资姓社”的分野。实质性的问题在于，从资本的本性来看，无论是国资、民资、外资，都要参与发展，都必然要以保值增值为取向进行扩张，要参与和推动经济生活。

所以，接下来认知相关问题的关键是如何处理资本功能、作用的两重可能性：资本既可能“无序扩张和发展”，也可能“有序扩张和发展”；同时，资本要素和劳动要素等参与分配的结果，也需要得到基于合理政策与合理制度安排的引导与调整。对此，中央已有非常明确的指导方针，就是在扩张和发展方面，为资本科学设置“红绿灯”；在分配方面，优化初次分配、再分配、第三次分配形成的分配体系。

所以，合乎基本学理和逻辑的理性认识应该是：中国式现代化绝不排斥和否定资本的推动作用，而且应该在全面依法治国、国家治理现代化的轨道上，以动态优化的良法为准绳，形成“开红灯、开绿灯”的合理调控标准，以促使资本要素的功能作用在健康有序的扩张中得到发挥。

有的学者提出，是不是还应该考虑设一个“黄灯”？就是依据已有法律、规则，可以明确设置“红灯、绿灯”，但要承认需有一个弹性的试错区间，好比交通信号灯有一个黄灯的调整和缓冲。因为在创新过程中，对很多事物一开始还找不到明确的规则去施加管理调控，应该有一个弹性区间来鼓励创新。这种看法，我觉得也值得探讨。

在创新过程中，对很多事物一开始还找不到明确的规则去施加管理调控，应该有一个弹性区间来鼓励创新。

结语

总之，在中国特色社会主义市场经济背景下的中国式现代化发展中，作为它的内涵的共同富裕、物质文明、精神文明、和谐可持续发展与和平发展，都客观地要求以多种生产要素的有效供给来提供支持，非但不可排斥、否定，反而应当充分注重资本要素在包容发展中实现健康的推动作用。

认清这一点，无论对于当下我们要特别着力的稳经济大盘、改善市场预期、争取经济运行保持在合理区间，还是对于长远的新的“两步走”的现代化目标的实现，都具有明显的现实意义。

最后，如果从“警惕右”和“防止左”的角度综合考虑，我们也应该在问题导向下，高度重视相关的市场信心的提升，改善企业特别是广大民营企业的预期。

编辑：王夏苇

应该在问题导向下，高度重视相关的市场信心的提升，改善企业特别是广大民营企业的预期。

新时期，民营企业的信心从何而来？

贺军 撰稿

安邦智库研究合伙人

当前，稳经济是国内在经济领域的头等大事。在党的二十大顺利闭幕后，国内新发展格局进一步确定，我们有理由相信，以经济为核心的发展将成为未来中国经济社会发展的核心主题。借用党的二十大报告的概念，中国未来要以高质量发展来实现中国式现代化。

要实现伟大目标，发展经济、维持稳定的经济增长是一切工作的基础，这也就是所谓“经济安全是基础”。那么，靠什么来扎牢经济基础？答案是企业，正是各类微观市场主体的发展和繁荣，支撑起了中国庞大的经济总量。

宏观上的经济稳定，在微观上必然表现为企业稳定——稳定的企业经营、企业投资、企业收益和企业家信心。从市场层面来看，要稳经济，就要稳住企业的信心、稳住企业家的信心。

信心比黄金更可贵

2022年深秋，几则似是而非的信息引发了社会大众的讨论和猜测，一时间成为公共舆论的热点。

一是关于重建供销社的问题。“供销社系统即将‘重出江湖’，部分地区恢复重建供销社”的报道引发公众关注。有消息称，中国农村5万个供销社已经启动，国内农产品的收购与销售未来将由供销社统一完成。有报道称从湖北省供销合作总社获悉，从2015年起，湖北省实施“基层社恢复重建工程”，以恢复基层社服务功能。截至2021年年底，湖北省基层社总数达到1373个，基本实现乡镇全覆盖。目前，基层社社员达到45.2万人，其中，农民社员人数5年增长5倍多，由2016年的5.15万人增至2021年的33.3万人①。

> **要稳经济，就要稳住企业的信心、稳住企业家的信心。**

二是“国营食堂”的问题。公开信息显示，“国营食堂”相关议论的源头主要是两份文件。一份文件是住房和城乡建设部办公厅与民政部办公厅在2022年10月发布的《关于开展完整社区建设试点工作的通知》，其中提到：试点社区为“适应居民日常生活需求，配建便利店、菜店、食堂、邮件和快件寄递服务设施”，并要求各市选取3~5个社区开展完整社区建设试点，试点工作自2022年10月开始，为期2年。另一份文件是河北省卫健委等发布的《关于开展营养健康餐厅（食堂）建设工作的通知》，其中提到：河北省“2022年各市至少要建设50家营养健康餐厅（食堂），到2025年达到每市建设不少于500家，全省不少于5000家的目标”。

三是关于“公私合营”的问题。2022年早些时候，某大学教授发文称，在与新冠感染疫情抗争的今天，在有些行业，有的企业遇到了较大的困难而采取“公私合营”的方式，即各地的地方政府与私营中小微企业合营的方式，可以帮助企业渡过难关。该教授认为，“公私合营”可以帮助企业解决资金、原料和销路方面的问题，谁能确定在私营企业主当中就不会有人愿意接受？只要有一点可能性，就不妨尝试一下。

这几则看起来不大的信息，引发的关注和讨论却不小。据安邦智库研究人员的观察和了解，企业界、外资、新闻界、学界等不同群体都对这些问题高度关注。赞同者有之，但更多的人表现出疑虑和担心。比如，不少人关注，供销合作社系统作为计划经济时代保障农村地区物资流通的渠道，在沉寂多年后“重出江湖”，是否有什么特别的意义？是否预示了政策上的变化？有人解释，供销合作社系统

① 陈莉霖、胡晓珺：《湖北基层供销社恢复重建至1373个 基本覆盖全省乡镇》，《湖北日报》。

实际上一直存在，并未退出江湖。重建和完善供销合作社系统，也是近几年来一直在做的事情。对于“国营食堂”和“公私合营”的说法，也有相应的解释和澄清。

为什么上述现象引发了国内市场的多方关注和担心呢？

实际上，在国家战略和政策层面，党的二十大报告已经明确回答了相关问题。党的二十大报告在论述新发展格局时提出，要“构建高水平社会主义市场经济体制。坚持和完善社会主义基本经济制度，毫不动摇巩固和发展公有制经济，毫不动摇鼓励、支持、引导非公有制经济发展，充分发挥市场在资源配置中的决定性作用，更好发挥政府作用”。报告还强调，“优化民营企业发展环境，依法保护民营企业产权和企业家权益，促进民营经济发展壮大”。在对外开放方面，要“推进高水平对外开放”“合理缩减外资准入负面清单，依法保护外商投资权益，营造市场化、法治化、国际化一流营商环境”。可见，我国的基本政策原则并未发生根本改变，仍将坚持社会主义市场经济体制这一基本经济制度。

既然国家政策并未变化，那么国内市场又在担忧什么呢？

安邦智库的研究人员认为，简单来说，社会各界担心的是，这些现象是否意味着中国将放弃市场，推动计划经济及相应体系的回归，并以此否定市场经济的有效性。正如我们此前所分析的，中国当前面临着极为复杂的外部与内部环境，在全球化遭遇强烈冲击、地缘政治主导外部环境变化的背景下，中国经济社会今后将如何发展，是否还会坚持走改革开放之路，似乎有了更多不确定性。“供销社”“国营食堂”“公私合营”这些概念都有一个共同特点，它们与计划经济有着密切关联。国内舆论对上述概念的关注和热议，在一定程度上反映了当

企业当前最希望的就是维持一个稳定的、可预期的环境。

前国内市场的信心不足。这就是信心问题。

2008年左右，当金融危机的动荡震撼全球经济时，中国经济也受到了一些冲击。当时曾经有一种说法，“信心比黄金更可贵”，重要的是坚定信心。在我们看来，这一说法在如今仍然适用。与过去金融危机产生的动荡不同，现在的动荡来自更复杂的因素——地缘政治博弈加剧、冲突导致全球能源市场出现动荡、在高通胀压力下全球各主要央行开始收紧货币政策、新冠感染疫情冲击经济。这些负面因素叠加，对企业家和市场人士的信心造成了很大冲击。面对这种形势，什么才是最紧迫、市场最需要的？在安邦智库对一些企业的调研中，无论是外资企业高管还是民营企业家，他们都不约而同地表示，现在中国市场最需要的是稳住信心，需要国家在重大问题上展示开放和坚持市场经济的决心，这甚至比真金白银地拿财政资金为企业减负更加重要。

企业对政府和政策的期待

那么，如何才能稳住企业信心和企业家信心呢？要强调的是，稳市场信心与政策和政府行为有很大关系。安邦智库的研究人员在与一些企业客户的沟通中了解到，企业当前最希望的就是维持一个稳定的、可预期的环境。不少企业家表示，在当前情况下，政府最重要的工作之一就是为企业提供一个稳定的预期。客观来看，一个城市、一个区域，不可能广泛地招引有场景创造能力的企业入驻本地，所以要更加鼓励本地企业家去投资和创业。如何让企业家有信心去投资、创业呢？关键问题就是稳定企业的预期。

第一，有企业家表示，要想让企业有稳定的预期，关键问题是要明确市场和政府的边界。客观来看，近几年政府治理水平比过去有明显的提高。有

要明确市场与政府的边界，遵从市场化的改革方向，充分发挥市场在资源配置中的决定性作用。

政策不能急转弯，也不能搞“一刀切”。

长三角的企业家称，很多政府部门已经采取“项目化”的工作方式，对微观问题进行调研，在态度上、作风上、能力上都有很大提升。不过，最关键的还是要明确市场与政府的边界，遵从市场化的改革方向，充分发挥市场在资源配置中的决定性作用。当然，我们应该承认，市场也是有弊端的，会有失灵的时候。不过，以市场为主导的原则不能变。有企业人士表示，市场和政府在资源配置上的成本差距很大，过度干预、人为干预易导致严重的资源浪费。

第二，还有企业表示，企业处在观望中的原因有时是政策的不确定性。以平台经济为例，在平台经济发展的早期，政策是宽松的，后来突然收紧。虽然平台经济自身肯定有问题，加强监管本身是对的，但我们也要看到：一方面，平台经济的发展具有“造富效应”，是对企业创业活动的有效鼓励；另一方面，在经历了一轮政策变化后，民营企业会出现担忧，当前平台经济的估值基本上已很难提升了。

第三，我们了解到，企业的不稳定性有时候源于过度激烈的政策竞争。比如2021年提出的“双碳”目标，相关政策导致火电投资大大减少，在部分地方出现了明显的电力紧缺。在原材料企业遭遇能源短缺后，往往会出现原材料价格上涨，推动物价上涨的压力在产业链内传导放大，进一步导致大宗商品价格被推高。

因此，有企业家建议，政策不能急转弯，也不能搞“一刀切”。在政府治理中，一定要重视“转弯成本”，如果这方面的成本高了，政策效率和经济效率就降低了。在今后的地方发展中，要发挥政策导向作用，为企业家提供稳定的政策预期，增强企业家的信心。

编辑：王夏苇

延伸阅读

贺军：从联通腾讯合作看经营风向

党的二十大报告在谈到“构建高水平社会主义市场经济体制”时强调，“坚持和完善社会主义基本经济制度，毫不动摇巩固和发展公有制经济，毫不动摇鼓励、支持、引导非公有制经济发展，充分发挥市场在资源配置中的决定性作用，更好发挥政府作用。深化国资国企改革，加快国有经济布局优化和结构调整，推动国有资本和国有企业做强做优做大，提升企业核心竞争力。优化民营企业发展环境，依法保护民营企业产权和企业家权益，促进民营经济发展壮大”。可见，在政策面上，民营经济被赋予了与国有经济同样的发展机遇和发展地位。

在新形势下，民营企业如何寻找新的发展模式，实现创新突破？这是个极为现实的问题。

国家市场监督管理总局在2022年10月27日发布了《2022年10月17日—10月23日无条件批准经营者集中案件列表》，该文件显示，联通创新创业投资有限公司（以下简称“联通创投”）与深圳市腾讯产业创投有限公司（以下简称“腾讯产投”）拟新设合营企业，该案涉及经营者集中申报，已获无条件批准，审结时间为2022年10月18日。受此消息影响，2022年11月2日下午，中国联通A股尾盘拉升涨停；H股方面，截至2022年11月2日15:00，中国联通微涨1.2%，腾讯控股微涨1.4%。双方提交的经营者集中简易案件公示表显示，联通创投与腾讯产投拟共同设立一家合营企业。其中，联通创投、腾讯产投、有关员工持股平台将分别持有新设合营企业48%、42%、10%的股权，联通创投、腾讯产投共同控制合营企业，该新设企业主要从事内容分发网络(CDN)和边缘计算业务。

安邦智库的研究人员认为，中国联通与腾讯进行合作，在新形势下具有示范意义，它提供了一种国有企业与民营企业合作的新发展模式。有了国有企业的参与，合资/合作企业在反垄断、政策准入、融资等方面，都会得到很大助力；有了民营企业的参与，合资/合作企业在市场机制、创新能力、运行效率等方面，会发挥民营企业市场化的优势。如果国有企业与民营企业能够“双剑合璧”，今后在国内市场可能会获得较多的机会。至于双方在合资/合作企业中的持股比例多少，这反而不是最大的问题。在目前形势下，让国有企业持有大部分股权，反而对合资/合作企业更好、更安全。

从历史来看，每当市场动荡时，总有一批民营企业率先倒下，成为市场动荡的牺牲者。2008年金融危机之后，中国经济受到明显冲击，当时就有民营企业家对安邦智库的研究人员表示，市场形势不好，“谁不想抱个大腿”？希望能够将股份出售给国有企业，借助国有企业的优势来谋求新发展。近几年，从逆全球化汹涌到新冠感染疫情肆虐，民营企业一再遭遇打击，“抱大腿”的想法和做法再度兴起。这样的合作，不仅是当前形势下民营企业的不得已之举，还是相当一部分民营企业的主动选择。“公私合营”论调再度出现并引发市场关注，说明民营企业不得不为发展前景而担心了。

最后，需要指出的是，对互联网企业和互联网平台而言，未来的发展仍需要回归科技的基础之上，以数字产业化来带动产业数字化，形成可持续的发展模式。虽然从政策上来看，中国加强了对互联网领域反垄断的监管，就长期而言，其目的在于维护正常的市场环境，并非要遏制互联网企业和互联网经济未来的发展。需要强调的是，实际上，对互联网企业加强监管，更主要的是针对这类企业“简单粗暴”的业务模式。这种依靠资本快速催动企业成长和占领市场的模式，不仅对具体行业和领域带来冲击，也正在呈现出越来越多的金融风险。

就目前的趋势来看，尽管中国经济面临较大下行压力，但互联网经济仍然保持较快增长，这表明，对垄断企业的限制，实际上带来了更多企业的创新和成长，有利于整个互联网经济或者数字经济生态的发展。因此，作为企业而言，最需要转变的是经营模式、盈利模式，避免继续以“赢者通吃”的既有思路和模式来开展新的业务。

编辑：王夏苇

看一看这边，望一望那里。我走遍了世界，找不到自己。

插画摘自 @ 老树画画

CASE 案例

推荐语
什么样的职业经理人值得信任?

刁志中 推荐

广联达科技股份有限公司董事长

我和建党总认识，是在几年前的一个企业数字化转型学习研讨班上，在交谈中得知他是德国菲尼克斯电气集团的中国公司负责人。2022年年初我还和建党总约定，要带高管团队去中国菲尼克斯总部参观、学习和交流，但由于疫情原因一直未能成行，非常遗憾。

我学习过建党总的《数商：工业数字化转型之道》一书，非常认同里面的数字化转型"铁三角"理念：战略是核心，技术是起点，人才是根本。看完《决策之道》对建党总的访谈，他那种进取、突破、不服输的企业家精神，更给我很多共鸣、启发和收获。

数字化转型是一把手工程，不可能一蹴而就，短期内很难计算投入产出比。所以，以职业经理人的身份去推动是很有难度的，而要说服一家德国家族企业的决策者看多中国市场，全面推行企业数字化转型，更是难上加难。建党总非常谦虚地提到自己"被信任"，但我们能感受到，正是他的高追求、自驱力、主人翁精神和全球化格局，赢得了这份信任。正是因为站在企业家的视角、企业可持续发展的视角，以及有扛起企业、推动行业前行的使命感，建党总才和同样拥有企业家精神的老板们有了同频共振。这份信任以及菲尼克斯电气开放创新的企业文化，让他敢于拥抱未来，去做更多的承诺。这份信任，就是一方给予相"信"，一方扛起责"任"，从而形成闭环，开启良性循环。

只有不断涌现具有企业家精神的职业经理人，企业才能长盛不衰、基业长青。希望建党总带领中国菲尼克斯继续披荆斩棘，将其打造成"全球视野、中国引领"的"最中国的德国企业"，实现自己的理想和情怀，也期待疫情过后能早日实现我们的南京之约，畅谈产业数字化转型之梦。

世界变局之下，在华外资企业的看法和干法

顾建党 独家口述
菲尼克斯（中国）投资有限公司总裁
德国菲尼克斯电气集团执委

从超越美国同事到自我超越

《决策之道》：您与中国菲尼克斯一路同行29年。早在2001年，中国菲尼克斯公司规模仅为菲尼克斯电气集团海外第一的美国公司的1/8时，您就在集团国际销售会议上说，“下一个目标是成为集团海外第一”，最终中国公司于2009年超越美国公司，成为集团海外第一。这种勇夺第一的信心和预判是从何而来的？

顾建党：我同中国菲尼克斯的创始人李慕松教授在1993年一起开始创业，见证了中国菲尼克斯从零至今的发展全过程。

从1993年年底到2000年，这一阶段可以说是菲尼克斯在华发展的从0到1的阶段，很多德国同事对中国还缺少认识，中国菲尼克斯几乎是孤独前行。2000年，中国菲尼克斯的销售额第一次超过了1亿元的规模，销售业绩排名从集团第12位一跃至第6位，2001年4月第一次荣获了集团全球销售大奖（也是集团内分量最重的一个奖项），我当时任公司销售部经理，在和李总一起参加集团的国际年度大会时说出了这番话。现在想想，应该有如下几个原因。

一是初生牛犊不怕虎。我说这番话不代表有百分之百的把握，但代表面对未来的勇气、决心和期望。作为一个年轻人、一个年轻的中国菲尼克斯员工，这句话表明了中国菲尼克斯团队乃至中国人的进取精神。过去中国人相对比较低调，不太到全球舞台上展现自己，但大会那天晚上，中国人在菲尼克斯的国际舞台上是最耀眼的，几乎每个人见到我都叫我Mr No.1。

> 德国企业的经营理念、人才培养机制乃至双元制教育等，共同支撑了质量文化。

二是中外交流氛围比较友好。菲尼克斯集团来自全世界的同事，无论是德国还是美国的，都以比较友好的姿态来看待中国、看待我这个年轻人。记得第二天早餐时，美国公司总裁亲切地对我说：年轻人，你要想成为第一，就要先去做第二。

三是中国菲尼克斯背靠强大的中国市场。我认为改革开放在2000年之后进入了一个新的发展阶段，整个中国市场欣欣向荣，那时的企业、年轻人都能感受到蓬勃的发展动力，展望未来都充满信心，相信中国市场潜力巨大。

四是中国菲尼克斯有强烈的学习精神、意愿和能力，这是驱动我们拥抱未来的最大力量。我们从不认为自己有多么好，但一直相信明天可以做得更好。

主要基于这几个方面，当时我表达了成为第一的愿望。当然，我的表述里不只有要做第一，强调更多的是向所有国际同人学习，但大家真正能记住的就是我们要成为第一。2009年，我们成了集团海外第一，但这并不是证明我们有多强，只是证明了我们有进取精神、超越自我的自驱力。

《决策之道》：转眼间20多年过去了，如今德国在推进工业4.0，中国在大力推动专精特新企业发展，党的二十大报告还强调了“推进新型工业化”等内容。对于中国菲尼克斯未来的发展，您在当下有怎样的思考？

*顾建党：*中国产业需要寻求新的答案，当下所有的变化，实际上在过去的10年中已经慢慢地酝酿、发展。过去的10年，也是中国菲尼克斯转型、再造的过程，我想先简单回顾中国菲尼克斯的来路，再回到如何去拥抱未来发展的命题上。

刚才说到中国菲尼克斯立下了成为集团第一的梦想。记得在2001年到2009年，我常对自己、对同事说，我们所有的成功都跟时代、跟中国市场的发展一脉相承、不可分离。2001年之后的每一年年底，我们都会超越欧洲不同的子公司，这几乎成了一种惯例，因为中国有进行年度冲刺的习惯，而欧洲同事年底在过圣诞节。

这样的节奏一直持续到了2008年金融危机来临，当时的中国菲尼克斯就相当于站在这几年新冠感染疫情流行的时点上，那时我们认为要坚定地投资中国、投资未来，于是就提出了“寒冬战略”，也就是“四不、三决定”：不经济性减薪，不经济性裁员，不减少对中国客户的承诺，不减少对中国市场的战略性投资；决定增资3500万美元成立投资公司，决定成立亚太物流枢纽，决定启动三期工程。2009年可以说是全世界在金融危机之后最艰难的时刻，但“寒冬战略”让我们在全世界各公司业绩普遍下滑的时候不降反升，实现了成为No.1的梦想。

2010年1月，我们拿到了集团海外第一这个大奖，但那时我对未来还是没有真正的信心，因为过去我们的发展是依赖中国市场的量的变化，而我在和美国同事、欧洲同事的交流、学习中，感受到了他们的专业性，我常对他们讲，如果我们的专业性达到了他们的70%，那我们肯定能拿到全球第一。于是在拿到大奖之后，我说，中国菲尼克斯要重新出发，十年征程从头越，开启追求卓越之路的新征程：要成为真正的第一，不仅是数字上的第一，在数字背后的能力、机制、体系上也要成为第一。

发展的道路也不总是一帆风顺的。2010年我们重新出发，2012年就遭遇了历史上第一次业绩下滑，美国公司超越了我们，我们又变成了第二。所以，过去的10年，是中国菲尼克斯真正去创新、突破、再造商业模式的过程——从一个传统意义上的德国家族企业转型成为“最中国的德国企业”，从德国式创新转型开启中国本土创新，从传统的隐形冠军到融入数字化转型、工业4.0趋势，在做好自己的基础上构建智能产业生态，在产业互联网大潮里

有了品质和创新，也需要有与之相对应的市场；如果没有看重品质和创新的客户，坚守品质和创新就成了一句空话。

成为一个独特的践行者、引领者的过程。过去的10年里，菲尼克斯就是这样一步一个脚印地进行探索，真正扎根中国，做“最中国的德国企业”，把德国的工业文明和中国的进取精神以及产业变革的驱动力、整个产业的生态有机结合在一起，源于隐形冠军，也要持续超越隐形冠军。

只有在长期合作关系之下，才会有匠心、有持续的创新、有对品质坚定的追求。

这两三年里，中国菲尼克斯也在思考如何拥抱未来10年，一个所谓的传统工业公司如何迎接历史性的变局与挑战。我想，答案可能是我13年前写下的一句话，“中国菲尼克斯是中国的，更是世界的”。我们还是要回归初心，在全球化背景下打造一个“最中国的德国企业”，让一家来自德国的家族企业深耕中国，真正成为中德合作的桥梁，成为中国产业的推动者、赋能者。这样，我们才有可能站在今天的新起点上去展望产业的新未来。

《决策之道》：站在中外企业的交汇点上，您认为德国隐形冠军有哪些经验、特质值得中国企业借鉴？

*顾建党：*德国有一千多家各行各业的隐形冠军，它们大多是一些家族企业、中小型企业，在各个细分领域里拥有独特的竞争力、创新能力，是支撑德国产业的基石。

简单概括起来，德国隐形冠军是以品质为先的，德国企业的经营理念、人才培养机制乃至双元制教育等，共同支撑了质量文化。

另外，德国有着上百年深厚的工程师文化，德国工程师有一个特点，就是都喜欢创新，希望做新产品、新技术，不喜欢在原有产品上修修补补，这铸就了德国隐形冠军创新的文化，不过从另一面看，这也可以视为德国企业在竞争激烈的中国市场面临的巨大挑战。

还有一点非常重要，德国的市场、客户看重品质和创新，在这种文化氛围里，品质、创新就成了隐形冠军的灵魂。有了品质和创新，也需要有与之相对应的市场；如果没有看重品质和创新的客户，坚守品质和创新就成了一句空话。德国的产业是你中有我、我中有你，客户和供应商往往是10年、20年甚至更长期的合作关系，只有在长期合作关系之下，才会有匠心、有持续的创新、有对品质坚定的追求。我用过一个比喻，说德国的产业相当于德国的足球队，球员可能都不是最强的，但是能够打造出一支“梦之队”。

最后，德国经济是企业导向、市场经济导向的，政府也会起到积极的赋能和补位作用，整个产业机制是“政、产、学、研、用”有机协同的。比如德国有个Fraunhofer-Gesellschaft（弗劳恩霍夫协会），是大学、研究机构和企业创新的纽带，为企业特别是中小企业开发新技术、新产品、新工艺。它是国家科技发展的重要力量，接受德国各州及联邦政府委托，在特别是对社会发展具有重大意义的环保、能源等范畴进行一系列战略性的研究，是德国也是欧洲最大的应用科学研究机构。另外，企业的研发和大学、研究机构的研发是打通的，像旋转门一样，企业研发的负责人也可以到大学、研究机构里去，例如菲尼克斯之前的自动化研发总监，就到Lemgo的一所大学里做自动化系的负责人，同时也担任一家研究所的所长。

我也一直致力于参与培养和赋能中国的隐形冠军，在针对中国制造业的“企业家导师带徒”的制慧导师营里已经担任了6年导师。分享就是学习，参与才能成长，从德国隐形冠军到中国专精特新，担任导师、赋能中国的隐形冠军和隐形冠军企业家就是我的使命。过去的5到10年，中国的民营企业里已经开始涌现了一批企业家，他们不仅追求赚钱、做大，而且想要做好产品，成为创新的积极推动者。

找到合适的人靠的是选择而不是培训。

是职业经理人，更是企业家

> **企业家精神是在不确定的、快速变化的商业环境中最基本的成功要素，没有它，任何企业都不可能长久。**

《决策之道》：作为身在外企的职业经理人，您一直倡导企业家精神，从中有哪些收获？

顾建党：很多人认为，在外企里强调企业家精神是异类，甚至会认为企业家精神和职业经理人精神是对立的，中国菲尼克斯在过去29年的发展中，却一直把企业家精神作为立身之本。

中国菲尼克斯的创始人李总和我都是从南瑞集团的研究所一起出来创业的。南瑞集团可以说是改革开放之后中国研究所转制开展产业化的一个标杆，尤其是在电力自动化行业，当时它是南京待遇最好的企业之一。相比之下，中国菲尼克斯开启创业的时候，条件远比在南瑞时候差，租的也是破旧的厂房。李总从来都不是抱着在高大上的外企打工的心态，而是真正的创业心态，同时坚信中国人在外企里也可以做得比外国人好，所以一切都是从零开始。这种从零开始的创业心态一脉相承延续到今天，铸就了中国菲尼克斯强大的自驱力。

在我个人的层面上，很多企业家问过我：怎么找到像你一样的职业经理人？怎么培养你这样的职业经理人？我认为，没有一个培训体系能够培养出企业家理想中的职业经理人，找到合适的人靠的是选择而不是培训。做职业经理人是我的人生选择，我既然做了这个事，就要百分之百地担当，一定会去承担责任。中国菲尼克斯创业初期面临很多挑战，当时常有人开玩笑说要回南瑞，我说，我有学习的精神，一定能证明自己可以做好，“死也要死个明白”。敬畏、担当、坚持、学习、进取，这几个特质，我相信自己是有的。

有了上面的起点，中国菲尼克斯才能打造成“最中国的德国企业”，所谓“全球视野，中国引领”，它一定是深耕中国的，又融汇德国的品质、创新精神以及德国企业做事的理念。我们中国团队是有担当的，是依靠“信任=责任”的文化来支撑的，外人可能难以想象一家外企在中国能做出百分之九十几的决定，这在其他跨国公司里几乎不可能，但在中国菲尼克斯，一切皆有可能。除了依靠“信任=责任”的文化，我们也建立机制，将文化理念和科学管理结合起来，坚定不移地做下去，再加上向德方虚心学习，在积极参与国际会议及交流中打开全球视野，在与德方的激烈碰撞中培养战斗友谊。

今天回头来看，企业家精神是中国菲尼克斯最本质的驱动力、最有价值的精神。10年前，一些跨国咨询公司对此有疑问，说在外企里不应该把企业家精神放在第一位，但这两年，它们也把企业家精神当作立身之本。跨国公司在中国可能面临两个阶段，在第一个阶段，欧美的技术、产品独步天下，这时在华公司保持职业精神、跟随其节奏就可以成功。但现在已经进入第二个阶段了，如果没有企业家精神引领，没有本土创新引领的商业模式，绝大部分企业都很难成功，更遑论外企了。企业家精神是在不确定的、快速变化的商业环境中最基本的成功要素，没有它，任何企业都不可能长久。

最后要说的是，职业经理人有了企业家精神，才能坚定地投资未来。中国菲尼克斯12年前决定进入电动汽车领域，我坚持投资了12年，虽然德国总部每次开会都会质疑，但现在我依然坚信，未来的5到10年里，电动汽车赛道会成为中国菲尼克斯的又一条上升曲线。同样，在智能制造、工业4.0、数字化转型的范畴，过去10年里中国菲尼克斯也一直是坚定的推动者、引领者。很多人会问，怎么计算数字化转型的投入和产出？我的答案是，如果你用CFO的心态来对待数字化转型，肯定不会成功，因为数字化转型是一种范式革命，是门票之争，不仅仅是效率之争。企业的数字化转型不可能一步到位，必须

数字化转型是一种范式革命，是门票之争，不仅仅是效率之争。

边走、边干、边思考、边总结。它的第一阶段一定是寻求认知和能力，靠的就是企业家精神；第二阶段才应该关注项目怎么做可以让效率更高、方法更到位，靠的是所谓职业化精神。

在坚定地投资未来的基础上，我想也要坚定地投资中国，这一点从当年的"寒冬战略"到现在从未改变。在当下的节点上，德国人对投资中国的确有所担心，但我认为对未来的乐观和坚定的投入是唯一的选择，目前我们已经和德国同事达成了共识。坚定地投资中国是最理性的选择，也是属于企业家的选择。

坚定地投资中国是最理性的选择，也是属于企业家的选择。

《决策之道》：随着宏观环境和企业发展阶段的变化，很多中国民营企业的创始人渐渐淡出经营，职业经理人逐步接棒。您对中国职业经理人队伍的现状有哪些感悟？

顾建党：在职业经理人的定位上，我认为有两个趋势。

一是企业家和职业经理人的定位会慢慢融合，这需要一个过程。越来越多的企业家要拥有职业化的素养和思考，走向专业化、体系化的道路，重视科学管理，不靠拍脑袋做事，未来才更容易赢。不过，这一趋势的前提是产业发展要达到某个阶段，倒逼企业家自我升级，去拥抱职业经理人的角色。

二是纯粹的职业经理人在中国的产业里会越来越没有市场。职业经理人是分为不同类型的，照章办事、打工者心态，这种传统意义上的职业经理人的时代结束了。未来的职业经理人拥有系统的思考，站在企业家的视角、企业可持续发展的视角上看问题，与老板的同频共振也就成为可能。过去的MBA教育培养的是按照规范去经营的职业经理人，但如今，MBA教育正在朝着培养具有企业家精神的职业经理人的方向变化。

在企业经营者的代际传承上，我想也有两点需要注意。

一是很多民营企业家，特别是我遇到的很多制造业企业家，他们经常想引进高管，也就是所谓“空降兵”。他们问我该怎么办，我的看法有几点：第一，想要一劳永逸找到一个理想中的高管，属于天方夜谭；第二，世界上一定有具备潜质的人，关键是要善于发现；第三，最重要的是陪伴成长，企业家和“空降兵”要真正地、不断地交互、碰撞、共创，经历反复的过程，把双方的心态、沟通和理解磨合到匹配的程度上。

二是企业家要思考、构建让职业经理人成长的平台、机制和文化。菲尼克斯集团的德国老板已经88岁了，CEO是与公司同行30年的职业经理人。7年前老板交班给CEO的时候，是有一个传承机制的，家族的年青一代会与集团互动、交流，跟集团共同发展，年青一代里总会有人脱颖而出。在中国，道理也是一样的，企业家不管要找哪类高管，都要陪伴他们成长，构建相应的成长机制，进行文化理念的传承。

我对中国职业经理人队伍的未来是有信心的，这是一条必经之路。随着中国企业家可选择的路径越来越多，优秀的职业经理人的施展空间也会越来越大，双方就有可能构建比较坚固的合作关系。当然，也要有配套的激励机制和退出机制，如果合作得不好，也能好聚好散。这一点上，学学德国，学学德国优秀企业的做法，应该是一件好事。

走向专业化、体系化的道路，重视科学管理，不靠拍脑袋做事，未来才更容易赢。

身在外企，心系中国

《决策之道》：您在正和岛问道塾活动上提到，2022年上半年您曾反复思考，中国今天的产业升级是否还需要菲尼克斯这样的外资企业参与，甚至一度为此焦虑。可否分享您的心路历程与思考？

顾建党：我跟很多企业家理性探讨过这个话题。我坚定地相信，改革开放是中国产业升级的未来，是中国经济可持续发展的未来。越是改革开放，越是参与全球产业竞争，中国人和中国企业的竞争力就越强，因为中国人有进取精神、学习精神、吃苦耐劳的精神，中国文化的这些特质会让中国越来越强大。但是，为什么我会焦虑呢？因为在2022年这个特殊的阶段，巨大的历史性的挑战来临了。

越是改革开放，越是参与全球产业竞争，中国人和中国企业的竞争力就越强。

一是过去的3到5年里，中美贸易摩擦、脱钩的问题，实际上已经成为全球化以及国际合作的最大变量，这个变量对美国企业、欧洲企业乃至所有外资企业的影响都非常大。不管我们喜不喜欢，外企在中国的发展已蒙上了一层阴影。

二是2022年的俄乌冲突改变了欧洲的态势。欧洲人感受到了切肤之痛，很多欧洲企业不得不离开俄罗斯市场，代价惨重。2022年上半年，整个德国和欧洲的媒体界、产业界谈论的最热的话题就是脱钩，人们也担心，德国和中国会脱钩吗？

在这样的氛围中，菲尼克斯的很多德国同事很煎熬，因为我们明明合作得这么好，但是，新冠感染疫情已经持续3年了，德国和中国的同事缺少面对面的交流，所有的重大决定都难以做出，所有面向未来的战略决策都难以制定。

这个阶段对我而言是极其艰难的。我想，中国菲尼克斯是“最中国的德国企业”，一定要成为中德合作的优秀代表，于是我就告诉德国同事：决策都有从不理性走向理性的过程，这个阶段是非理性阶段，现在做任何决定都是不明智的，如果双方没有面对面的深入沟通和战略共识，就很难有真正的战略决策。我们先不要做任何决定，我不会试图说服你们继续投资中国，你们也不要说不投资中国，大家创造一切可能性一起当面做决定。那时也有德国同事想来中国，他们说如果不跟我面对面交流，任何决定都没法做，因为下判断不能只靠双方的语言，还要看着眼睛、肢体动作，那种感觉是完全不一样的，那是人与人之间的personal judgement，personal commitment，personal confidence，personal trust，没有这些，就不可能做出正确的决定。但很遗憾，因为疫情的缘故，他们也没有成行。

最终我在2022年5月30日下决心要到德国去，于是花了3个月准备，在9月历经3周行程，先到迪拜参加集团的一个全球年会，之后专门到德国和管理层开系列战略会议。做这个决定并不容易，站在历史的十字路口，何去何从取决于中国菲尼克斯的抉择。如何做出正确的抉择、把握机遇、顺势而为，将对中国菲尼克斯未来10年的发展产生决定性影响。我想清楚了，必须去。

回头看看，3个月的准备、3周的迪拜、德国之行，带来的是中国菲尼克斯29年发展史上，双方交流最充分、议题最全面、取得战略共识最多且最有成效的一次战略共识之旅，在中国菲尼克斯 2.0新征程上具有里程碑意义。我和集团管理层谈了中国菲尼克斯未来10年的发展战略，几乎都达成了共识，例如坚定投资中国，与中国产业共同发展等。我也很高兴在回国之后就看到德国总理在德国机械设备制造业联合会的一次论坛上发言，表示坚决反对脱钩。他为什么说这句话？因为我在德国的那段时间里，很多企业实际上还在担忧脱钩。

2022年早些时间里，无论面对外资企业还是中国民营企业，我都会告诉他们，开放的企业家精神是真正的竞争力，企业只有在公平竞争的市场中积极进取、持续创新，才能共创中国的新未来。我也相信，会有越来越多的外资企业扎根中国，就像中国菲尼克斯一样；只有它们扎根中国，中国企业才会更有创新动力、全球视野，才更有能力走向国际化

决策都有从不理性走向理性的过程。

的新舞台。

最后想说的是，产业经营者对产业是有使命和责任的。中国菲尼克斯希望成为通向世界的一扇窗、连接世界的一座桥。希望中国菲尼克斯能为中德合作和中国改革开放多做一点力所能及的贡献。这是中国菲尼克斯在产业中的独特竞争力，“Mr 顾”（我本人）最大的独特性就是被信任。

产业经营者对产业是有使命和责任的。

《决策之道》：企业家和国际化企业可以为不确定的国际环境带来一些确定性。

顾建党：是的。这次德国之行让我感受非常深刻的是，国与国的合作，最终会落到企业与企业、人与人的合作上。Little things can make difference, little things can change the world（星星之火，可以燎原）。我这一次行程对整个产业可能没有什么影响，但如果坚持这样做，也许就能带来一些改变，影响越来越多的人。我们可以带动自己的朋友圈、事业圈，让更多的人理性地支持中国的改革开放，架起世界和中国合作的桥梁，推动产业可持续发展。

我在制慧导师营有位导师朋友，他是一家名叫SMC的日本企业的中国管理者，我们有着同样的选择——做“最中国的德国企业”和“最中国的日本企业”。我们都有产业报国的情怀，而不是想着简单地跳出去多赚点钱。很多中国企业家也问过我为什么一直守在菲尼克斯，我说人各有志吧。

面对未来：有准备，不焦虑

《决策之道》：2022年上半年是您职业生涯里少有的焦虑时刻，您有哪些对抗焦虑的方法，可否分享给其他企业家？

顾建党：正和岛上有很多知名企业家，他们经历的磨难可能比我多得多，那种跌倒了又站起来的精神是令人感动的。我在内心韧性上还没有那么强大，只是分享几个可能有效的方法。

第一，与正和岛上的企业家和东华老师交流，这种交流带来的心灵力量是非常强大的，每到一个阶段，做一次这样的心灵massage是非常有价值的。

2022年我参加了两场正和岛问道塾的企业家专题修习。第一个模块的主题是“抗周期生存需要怎样的极致理性”，心理学家彭凯平教授就教我们“以心转境”，去化解内心的焦虑。这几年我还有一点牵挂：中国菲尼克斯未来10年有非常大的“202×战略”，但如果没有强大的组织能力，就不可能达到期望的目标。我一直在对此进行思考。2022年10月正和岛问道塾塾友一起重返福建古田，在当年古田会议召开的地方，去深入探究中国共产党作为“有史以来最伟大的创业团队”，这样的伟大组织的关键转折是怎样实现的。宫玉振教授的讲解和相关交流，帮我打通了“任督二脉”：企业是靠使命驱动的，但组织要建在业务上，企业要以业务发展和客户价值为根本的出发点。

第二，永远要有成长思维、学习心态。如今企业都追求持续成长，企业家要先从自己做起，让成长思维融入自己的血液，再融入企业的文化，企业才有未来。同时，一定要有所为、有所不为，要明确自己的limitation，找到自己独特的定位、使命、路径。不要心比天大，与人攀比，最后动作走形，这往往给企业带来灾难。

中国菲尼克斯今天也有很多地方没有做好，这可能就是我们的limitation。我们要首先接受它，从理性到感性都说yes，把自己放低，然后重新出发，去学习、去提升，让limitation变成自强不息的起点。

Little things can make difference，little things can change the world.

第三，坚信、坚守长期主义。中国菲尼克斯投资电动汽车行业，做了12年，亏了12年，现在看到了曙光。中国菲尼克斯的经营风格可能是长期主义的典型，在这个关口就更不能动作变形了，不能看到别人做得短平快，自己也去追求短平快。

第四，人要有喜欢的运动，要跟身体对话，要有休闲时间。我这几年爱上了一项运动，就是赛艇，在赛艇中慢慢调整自己的状态，这样才能面对更大的压力和挑战。

我经常讲，我的追求不高，所以我就相对简单。正因为追求不高，所以起码到今天为止，我能接受自己的不完美，正常情况下都睡得着，该睡就睡，不会焦虑得睡不着。

交流带来的心灵力量是非常强大的，每到一个阶段，做一次这样的心灵massage是非常有价值的。

《决策之道》：2023年是中国菲尼克斯成立30周年，也是菲尼克斯集团成立100周年，您提到的中国菲尼克斯的“202×战略”，可以说是这一节点上的战略升级。

顾建党：2023年对菲尼克斯是个特殊的年份。这一次我去德国总部沟通了几乎所有的课题，包括未来可持续发展的核心议题，例如中德合作的可持续发展、组织的可持续发展等。

在我看来，2023年对市场来说将是极其艰难的一年，这个时候，看的是一个企业能否在战略、业务、组织管理等各个层面经受住考验，能否真正遵照商业逻辑去做难而正确的事。今天所说的这些逻辑，怎么转化为组织的逻辑、组织的竞争力，是我下一步的目标。我希望中国菲尼克斯的2023年能够不一样。

采编：王夏苇

推荐语
专注的力量

付文阁 推荐

中国农业大学教授
MBA教育中心主任
中农创学院创始院长

吕名礼1998年从中国农业大学农水专业毕业后，一直在“不缺水、小农业”的上海搞节水灌溉。这是很不一般甚至匪夷所思的，他却搞出了不一般的成绩——搞出了全行业独有的自主研发体系、高品质成套产品体系和综合服务体系，成为国内知名的智慧灌溉品牌和中国可控农业走向“一带一路”的重要代表。

我很认同吕名礼讲的“上海可以没有农业，但不能没有农业科技”。应该正是基于这样的认知，华维并不是做“农业”，而是做“农业科技”和“华维模式”；并没有局限于服务不缺水、“小农业”的上海，而是立足上海、服务全国产业、辐射全球市场，这跟中国农业大学“解民生之多艰，育天下之英才”的校训精神是完全契合的。

吕名礼也是我创办的中国农业大学企业家校友联谊会——中农创学院一期的班长。我为有这样的学生骄傲，我校康绍忠院士等行业泰斗也为他学农水、一心干农水的精神和成绩点赞。他特别有“专注主业，不为眼前利益诱惑”的定力——在湖南投资建设生产基地时，他干脆地拒绝了一块可以低价受让、调规后就能升值2亿多元的商业用地，他说，如果分心去干房地产赚钱了，肯定就不能专注地干灌溉了。他的创业之路充分诠释了中农创学院的誓词：“以民生为己任，以奋斗为根本，厚德、务实、专注、创新、追求真理、知行合一，做一个令人尊敬的企业家。”

我在很多场合说过，吕名礼是“可控农业之父”——应该正是基于创立华维时就设定的不一般的企业愿景和使命，他才一直激情满满、不断创新，开创性地提出了“可控农业”这一现代农业发展的全新理论和模式。用“可控农业产业平台模式”解决“农业产业生态链问题”的模式应该是乡村振兴有效的路径之一。

乡村振兴需要可控农业，农业强国需要农业可控。

推荐语
智慧农业之路的同路人

马铁民　推荐

全国青联副主席
凯盛浩丰农业有限公司董事长

在2022年11月的正和岛探访凯盛浩丰活动上，吕名礼是第一位到达现场的岛亲。他不顾舟车劳顿，直奔智慧玻璃温室，探究他热爱的智慧灌溉和智慧农业情况。

灌溉是农业中一个困难而重要的问题，现代农业发展的缺水问题比缺地问题更严峻。回想创业初期，我在内蒙古租了600亩地种植结球生菜，苗子顺利栽了下去，一连打了9口井却打不出水，最后发动当地村民从2公里外的湖里挑水浇地，才保障了苗子成活。从那以后，解决灌溉问题就成了凯盛浩丰种植基地的必备前提。

要做好灌溉就必须懂作物，吕名礼说自己是典型的“三农人”，秉承“让天下种植者轻松赚大钱”的使命、初心，将沿袭几千年的“浇地”提升为“浇作物”，通过高效节水灌溉和农业物联网技术，根据作物不同生长阶段和生长环境供给水肥，帮助种植者用最少的生产资料，在更少的土地上生产出更多更优质的农产品。从节水灌溉到水肥一体化，再到温、光、水、气、肥等生长要素的管理，吕名礼在行业内开创了新的品类——可控农业。

我与吕名礼有着类似的经历，也就产生了很多共鸣。2017年，凯盛浩丰建成第一个单体面积105亩的智慧玻璃温室，用了1.7亿元，软硬件完全进口，但这还不是问题的关键，最关键的是全球顶级的服务商愿不愿意服务。温室各项指标的单一控制技术没有不可攻破的技术难点，但是，一套匹配作物整个生长期的水肥、环控软硬件管理系统就成了“卡脖子”问题。吕名礼把中国智慧农业装备卖到了“一带一路”沿线国家，成为向世界农业提供中国方案的先行者，打造了属于中国的世界灌溉品牌。

我从种植起步走向智慧农业，吕名礼从设施装备起步走向智慧农业，我们有共同的认知和使命，他的专注和坚持给我留下极深印象。《决策之道》的访谈将吕名礼的思考和经历娓娓道来，让人感受到一位有担当的企业家服务“三农”的赤诚之心，相信广大读者也会有同感。

最传统的产业如何打开新局面?

吕名礼 独家口述

上海华维可控农业科技集团董事长

从农村来，理解农业未来

《决策之道》：您从2001年至今深耕农业灌溉和可控农业领域，在这些年的行业观察、企业经营中有哪些比较深的体会，可否用几个关键词来描述？

吕名礼：我在湖南湘江边的农村长大，从小看到的要么是洪水滔天，要么是水稻田都旱得裂出拳头一样宽的口子，亲历过“靠天吃饭、吃不好饭”的困顿。后来我考取中国农业大学农田水利工程专业，毕业后一直服务农业，是地地道道的“新三农人”。

我在不缺水、“小农业”的上海，21年来坚持做灌溉和可控农业，第一个关键词应该是热爱。

我是科班出身，对农业灌溉行业比较了解，算是理解产业发展的痛点。这个行业里存活20年以上或者哪怕15年以上的企业都屈指可数，能够长期活下来的企业，都是坚持长期主义的。这是第二个关键词——长期主义。

所以我觉得，要做好灌溉事业就要有自己的根基。华维集团21年来坚持“用科创扎实业的根”，不做短期的工程项目，也不做洋品牌的代理。科创实业就是第三个关键词，也是长期主义的根。

我读高中时，班主任布置过一篇命题作文，题目叫《桃李不言，下自成蹊》。那时我还不太理解这个成语，后来自己做企业，由于本人不善应酬，不擅销售工作，就从专业出发坚持做好华维的产品、体系和模式，自然而然得到了越来越多的认同，渐渐明白了什么叫“桃李不言，下自成蹊”。这就是第四个关键词，也是我的立人信念和华维的立业理念。

真正的挑战不是政策的挑战，也不是技术或者市场的挑战，而是人才的挑战。

《决策之道》：党的二十大报告中关注了三农问题，提到“强化农业科技和装备支撑”。您在求学时和启动创业时，内心都受到过以色列高效节水灌溉技术的冲击。在您看来，科技在农业领域特别是智慧灌溉和可控农业领域的应用面临着怎样的挑战和机遇？

吕名礼：客观来说，我国农业目前面临着一系列比较大的挑战。

十几年来，我国的土地流转越来越多、越来越集中，经营规模越来越大。与之对应的是我国劳动力人口越来越少，农村人口占比已经不足40%，只有5亿多人，再去掉2亿多农民工，种地的农民就更少了。那谁在种地呢？在上海，是“老外”，也就是老年人和外地人在种。农业未来面临的就不仅是劳动力“贵不贵”，而是“有没有”。经营规模越来越大，劳动力却越来越少，农业科技在国家战略层面的重要性越来越强，那该怎么办呢？老吕常分享四句话：耕牛退休，“铁牛”下田；农民进城，“专家”种地。“铁牛”不单指农业机械，更是包括可控农业、智慧灌溉在内的一整套现代化农业装备和体系，“专家”就是用这套农业体系武装起来的新型职业农民。所以，这也是可控农业和智慧灌溉的重大机会，很多社会资本正在涌进农业种植领域。

在我看来，真正的挑战不是政策的挑战，也不是技术或者市场的挑战，而是人才的挑战。

第一，我国农业经营主体的受教育程度相对较低，接受新技术、新模式有一定难度。在以色列或荷兰，5%甚至3%的农业人口就能养活全国，这些农业人口很大比例都受过高等教育，而我国农业经营主体中受过高等教育的比例还很低。

第二，在我国的社会传统观念里，农民是低人一等的“身份”。很多家长不支持、学生不愿意报考农业院校，哪怕进了农业院校，毕业后也不愿从事农业工作。这样的传统观念需要漫长的改变过程，需要人们认识到搞农业也能挣钱，需要“农民”从低人一等的“身份”变成体面的“职业”，需要农业产业的整体进步，但现阶段它的确导致了农业产业人才严重缺失。

第三，我国农业产业生态还是比较散碎、割离的，这是“种地不挣钱”和人才不愿加入的根本原因。2014年开始，我一手创建经营过一个农场，历时5年多、交了2000多万元“学费”后，仅仅获得一个痛的领悟：“农、工、商”各有基因，不可能通吃。也就是说，搞种植的“农业”、华维这样搞智慧灌溉和可控农业支撑体系的“工业”以及很多线上线下从事商品流通的生鲜平台，这三个环节还没有形成良性产业生态。

当前的生鲜平台都面临着“品控”难题，也就是怎样才能持续收购优质的农产品。而且生鲜平台常把收购价压到种植基地的成本以下，导致农民、合作社和种植公司“增产不增收、优质不优价”，最终造成“农民卖难、市民买难、平台两难”的困局。如果生鲜平台摆正生态位，如果“农、工、商”各扬其长、各司其职、各得其所，各个环节共赢，形成良性循环，构建真正的产业生态，就都能挣到钱、都能体面起来，人才自然就来了。

当然，农业产业面临的挑战已经得到了党和国家的高度重视，特别是在粮食安全战略空前重要的新形势下。

党的二十大报告重申要全面推进乡村振兴，史无前例地提出“加快建设农业强国”。农业农村部部长唐仁健专门解读了“农业强国”的要义，就是努力实现供给保障强、科技装备强、经营体系强、产业韧性强。我理解，华维21年来致力于推广智慧灌溉技术和可控农业体系，就是通过强大的科技装备

各个环节共赢，形成良性循环，构建真正的产业生态，就都能挣到钱、都能体面起来，人才自然就来了。

和“政产学研金服用创”八位一体的经营体系，构建强韧性的产业，从而确保供给保障强，进而实现乡村振兴和建设农业强国的战略目标。这完全符合党的二十大精神要求和唐部长的解读。

总之，挑战的另一面是机遇。我国农业产业面临的挑战也为智慧灌溉和可控农业行业带来了巨大机遇，市场容量不可限量。

农业产业生态的进化一定会到来，而且正在加速形成。这是行业大势、民生大势、历史大势。

当前农业中，企业家扮演什么角色？

《决策之道》：您认为在农业产业生态的进一步构建中，企业家目前扮演着怎样的角色？

吕名礼：当前，我们有盒马鲜生、叮咚买菜等生鲜品牌，有褚橙、佳沃等农产品品牌，对建设农业产业生态应该是有拉动效应的，但整体现状并不乐观。我接触了不少农业企业，所看到的是，不仅没有多少企业能够真正成功、真正起到正面带动作用，一些原本很强的企业反而已经破产或者面临破产。比如著名的海升集团，这是一家相当厉害的农业企业，由于多种因素，现在也面临着破产。

但是我相信农业产业生态的进化一定会到来，而且正在加速形成。为什么？一方面是国家政策推动，这是行业大势、民生大势、历史大势。另一方面，新冠感染疫情在改变消费端的习惯，比如过去买菜往往是老人到菜市场买，现在很多工作繁忙的年轻人习惯通过生鲜平台购买，新的消费模式对产品质量和效率的要求高了很多，从消费端促进平台端和种植端的进化。还有一方面是农业经营主体的新陈代谢，老一辈农人不可避免会退出，新的经营主体要担负起种植、经营的责任。现在的农业不是“读不好书就去种地”的传统农业了，而是“读好了书才能搞得好”的现代农业、AI农业。而且，那些“初心不正”的、挤进来“‘搞农业’的房地产商们”也在一次次退潮中现出原形，无以为继了。所以，农业产业生态会在物竞天择的进化中渐渐走向有序。

我想，可能再经过三五年的发展，在良性的农业产业生态形成之后，才能在市场竞争中涌现一批有行业标杆作用、有影响力的农业企业和企业家。

《决策之道》：新冠感染疫情一定程度上影响着消费习惯，可能加速农业产业生态的进化，那么疫情对您的企业经营有哪些影响？您的经营信心是怎样的？

吕名礼：这3年的新冠感染疫情带来了非常直接的影响。2022年上半年上海遭遇疫情，华维集团上海总部一度停摆，内蒙古和湖南的两个生产基地也因为疫情两度停摆，这就导致完全没有办法出差，新业务没办法谈，已经跟进的投标动作也没有办法完成，甚至好几个既定项目也被其他公司截胡了；原材料进不了公司，产品也发不出去，签了合约、拿了订金的订单没有办法交付，只能忍痛退款。

不过，由于我们坚持长期主义，坚持“用科创扎实业的根”，这3年里还有一定的相对增长，不仅不裁员、不降薪，反而扩建工厂，扩张团队，持续扩大经营规模。我们的业务模式也从单纯的智慧灌溉业务进化到了可控农业，这是在2020年疫情肇始之年进化出的第二条业务曲线，在3年间带来了很大的支撑作用。为什么要发展可控农业“一站式”服务呢？因为无论是经营主体还是政府机构，真正需要的绝不是昂贵的以色列灌溉和荷兰温室，不是炫酷的数字化，不是任一单项技术，而是真正能“基于作物、基于产业”的实效解决方案、栽培体系和作物工厂，是良好的投入产出比，是“让生产可控、效益可控”的可控农业体系。

决不能“头痛医头、脚痛医脚”，而是要“专家会诊、系统治理”。

总的来说，作为业界同行创始人中少有的科班出身，我对未来充满信心。智慧灌溉和可控农业的市场刚需非常大，还有强有力的政策支撑，“科创实业”的华维也不缺资源，未来将会进一步培育、推动市场意识。

另外，我认为中国农业产业的痛点是系统性的，决不能“头痛医头、脚痛医脚”，而是要“专家会诊、系统治理”。现在的政策对农业是高度重视的，“五级书记抓乡村振兴”，但一些领导对乡村振兴到底怎么搞还缺少头绪。华维历经多年实践，构建起“乡村振兴华维模式”：借鉴工业经济开发区的成功经验，用可控农业产业模式解决农业产业生态链问题，规划乡村振兴的路径和模式。也就是说，华维不像市场上的常规打法那样去“揽工程”，而是以县委、县政府乡村振兴顾问的角色，偕同有关部门基于县域特色、市场需求，“做好一个顶层设计、打造一个产业平台、引入一链集群企业、聚合一众高智资源、转化一批科创成果、培养一批农科人才、创建一个区域品牌、带动一方百姓致富”。

这堪称华维业务模式的最高层级，是“基于顶层设计、基于产业生态”的乡村振兴路径和模式，更是政府和社会最真实、最根本的需求——不同于常规的工程项目模式，在“顶层设计、分步实施”的规划下，花的每一分钱都能看到效果，都会导向“设计好的”最终成果，政府出政绩，产业能兴旺。这个模式全面打通之后，华维将从线性发展进化成倍数发展，甚至进入更高的发展层次。

从石库门到天安门的苦难与辉煌，对于企业经营而言是极其宝贵的营养。

如何办好党建引领的企业文化？

《决策之道》：您对乡村振兴事业是很有抱负和信心的。在华维集团官网上，党建工作的板块非常醒目。您可否介绍其中的缘由？

吕名礼：我在中国农业大学求学期间就入党了。我是一名坚定的马克思主义者，也很热爱历史。我始终认为共产党是先进分子的集合，真正的共产党员一定抱有崇高的理想和使命。共产党在28年里带领中国人民通过浴血奋战、不断自我进化，历经从石库门到天安门的苦难与辉煌，对于企业经营而言是极其宝贵的营养。

我利用每晚的时间，通过学习强国看完了《中国通史》，发现中国几千年的王朝更替都跟灌溉息息相关——凡是重视水利、搞好农耕的王朝，一定是太平盛世；凡是水利农耕废弛的王朝，老百姓一定衣不蔽体、食不果腹，最终揭竿而起。秦始皇一统六合就是建立在都江堰之上，建立在郑国渠之上。

所以，灌溉，不止于灌溉，灌溉的是作物，幸福的是百姓，繁荣的是文明。华维的可控农业事业，是完全契合“为人民服务”的宗旨的：一方面帮助农民实现不离故土、造血式的脱贫致富，另一方面从根本上解决市民米袋子、菜篮子、果盘子的食品安全问题。服务农民加上服务市民，就是服务人民。

“为人民服务”不仅挂在华维的墙上，更践行在工作中。作为上海市金山区“党建名师”，我应邀做党课分享时不讲空洞理论，讲的都是自己和华维人在岗位上怎样践行共产党员的先进性、践行“三个代表”重要思想。

为了承扬千年农耕文明和上善若水的文化，我自己领衔从浩若烟海、毫无先例可循的典籍中历时3年整理出百万字的中国灌溉史，并在上海以一家民企之力投资打造了中国第一家灌溉博物馆和可控农业科技馆，得到业界泰斗和众多到访外国使节的一致赞誉，入选教育部第一批全国中小学生研学实践教育基地和上海市科普教育基地，成为全国各省市和“一带一路”农业水利官员研修的课堂。我理解，这是“代表中国先进文化的前进方向”。

重视党建工作不能唱高调。

如前所言，华维21年如一日，由“节水灌溉”迭代到“水肥一体化和作物生长管理”，进而迭代到融合数字化技术的“可控农业”。我理解，这是“代表中国先进生产力的发展要求”。

湖南湘西花垣县十八洞村网红猕猴桃的背后也有华维智慧灌溉系统的助力，这样通过华维产品、技术和模式带动共同富裕的案例不胜枚举。我理解，这是“代表中国最广大人民的根本利益”。

所以，华维21年来从事的事业，就是在践行党的先进性，践行党的初心和使命，这就是华维重视党建的根本原因。华维重视党建工作，华维人践行共产党员的先进性，是从岗位上、内心里流淌出的自觉，不是形象展示，完全不违和。这个社会里谁都不傻，是无病呻吟唱高调还是发自肺腑地认可与热爱，谁都能看明白。

只有当个人需求、公司需求同产业需求、民生需求、国家需求逻辑相通、合而为一的时候，员工才能真正热爱工作、自然而然地做好工作。

《决策之道》：重视党建工作是华维集团企业文化的一个亮点，在您看来，民营企业的党建工作应该怎样落在实处？

吕名礼：重视党建工作不能唱高调。我们既有“党建引领聚合力、科创实业兴三农”的理念牵引，更有日常工作的践行。

一方面，华维的企业使命是“让天下种植者轻松赚大钱”，业务逻辑是帮助客户通过应用华维产品、技术和服务多赚钱，比如客户兜里有5元钱，华维不是想办法把那5元钱赚过来，而是帮助客户把5元变成100元。这样一来，客户肯定会高高兴兴地和我们合作。

另一方面，我常跟同事们讲，中华民族的伟大复兴，依靠的是每个人脚踏实地做好本职工作。我一直认为，只有当个人需求、公司需求同产业需求、民生需求、国家需求逻辑相通、合而为一的时候，员工才能真正热爱工作、自然而然地做好工作，实现华维价值观倡导的成功等式：“诚信做人+用心做事=快乐生活”。员工做好了工作，收入提高了，职位提升了，自己和家庭自然会快乐。试问，如果每个中国人都快乐，每个中国家庭都幸福，中华民族伟大复兴是不是就实现了？

我们每周三、周五有一个持续了十几年的“华维悦读”活动，这也是华维价值观落地的载体。活动出发点是促进部门交流、倡导终身学习，重在一个“悦”字——“悦”分享、越成长。活动早期以一起读书为主，现在可以自由交流，谈工作得失、生活体会，也有一些类似党课的分享。老吕从井冈山培训回来后也在活动上和同事们交流，让大家明白党的伟大使命和我们的日常工作紧密相关。

我一直不觉得自己是在做生意，而是在从事中国农业产业技术和模式的革命，在勉力推动中国农业产业的整体进步。这些年里，我获得了很多以前想都不敢想的荣誉；作为体制外人士，2022年我还光荣当选了上海市党代表。我想，这就是“桃李不言，下自成蹊”的真谛。

《决策之道》：“桃李不言，下自成蹊”这个成语对您影响很深。您提到过中学时候以此为题的命题作文，您的公开履历里有在大学担任文学社社长的经历，早年还担任过杂志总编，但之后并没有将文学当作事业。您怎样看待人生之路的选择？

吕名礼：我初中时数学考过19分，看到数学就怕，但语文成绩比较好，我在初中、高中、大学都当过文学社社长。中国农业大学挚友社还是蛮牛的，获得过“全国十佳社团”，往届很多社长毕业后都去了农业部或其他部委工作。我本来也考过公务员，但1998年遇上了部委机构大精简，阴差阳错没去成。

后来，我入职上海一家台资灌溉公司，但老板不讲诚信，恶意拖欠员工工资和银行巨额贷款后跑路了，我因此“被失业”了，学农水、干农水的梦想看似破灭。后来我到一家行业杂志当总编，尽管工资

让事业从一开始就不止于生意和买卖。

比在台资企业时翻了1倍多，但内心总觉得“写诗写不过李白”，不能把文学当饭吃。我心里老想着靠天吃饭、吃不好饭的家乡农民、中国农民，想着利用在母校所学为改变中国农业做点工作，终于在2001年春节后下决心创业，就这样一干就是21年。

每个中国人的心中都住着两个人：一个是想仗剑走天涯的李白，一个是想采菊东篱下的陶渊明。

我觉得个人兴趣和事业有很大差异，没有从事文学工作倒也没有遗憾。一方面自己也谈不上太懂文学，另一方面这些年来别人有时抬举说老吕事业做得不错，我想可能是自己数学不好不去算账，语文好一点、能做做企业文化的原因。

在行业里，华维的企业文化做得算不错的——我们除了“华维悦读”，还有《华维人》报、“华维好声音”和《华维之歌》，歌词是我和中国农业大学葛长银老师一起创作的。中国灌溉博物馆里的上百万文字，是我反复修改过的。由挚友社我的前任社长彭凌撰写底稿、文言文体的《中国灌溉博物馆记》里，也有我字斟句酌的心力和20余年的执着。

总之，不去算账、不去计较，在创业伊始就特别重视品牌打造和文化建设，确定有一定高度的使命、愿景、价值观，让事业从一开始就不止于生意和买卖，我想这是母校“解民生之多艰，育天下之英才”的校训和自己的经历、体悟在经营上的体现。

很多领导、专家、客户、同行都愿意跟我交流、合作，我理解，应该是他们认为跟有点文化素养的老吕、华维打交道是很靠谱的。还可能是因为每个中国人的心中都住着两个人：一个是想仗剑走天涯的李白，一个是想采菊东篱下的陶渊明。大家有时听到老吕的分享，击节叫好，应该是因为我把他们内心深处的李白和陶渊明给活化了。

这应该就是文学的力量吧。

采编：王夏苇

推荐语
两代人的红蜻蜓

肖利华　推荐

智行合一创始人兼CEO
阿里巴巴集团原副总裁

红蜻蜓是一家成立于1995年的老牌企业。创始人钱董从事鞋革行业多年，是一位非常优秀、非常有风度的企业家。我与他相识多年，从他身上学到了很多。

钱董原本经营红蜻蜓就做得很好，在企业数字化转型比较成功后又勇挑大梁，创立惠利玛产业互联网平台。在这一点上，我尤其佩服他——一是他非常具有前瞻性，看到了未来趋势；二是他有格局，有担当，创立惠利玛就是为了把鞋革行业全流程各类端口存在的断点、堵点、卡点全部捋清楚。

大多数人都是想着发展自己，钱董却一直保持着利他思维，想的是惠及行业，这非常了不起，做平台确实就要开放、赋能、利他。王阳明讲“致良知”“知行合一”，提出良知和行为要一致，这是非常高的境界。钱董保持利他思维，切实去推动产业互联网平台，正是一种“知行合一”。同时，在这个时代，我想我们更可以做到“智行合一”，通过数智化的方法、手段，让商业更加高效、更加智能。

红蜻蜓发展近30年，面临交接班的问题。作为第一代企业家，钱董重视平等沟通，与儿子钱帆保持了亦父亦友的关系。如今他把企业顺利交给下一代。

钱帆总是一位非常能干的接班人，在推动品牌年轻化方面做了很多工作。2018年，钱帆就带着团队来过阿里巴巴，和当时我带领的阿里云新零售团队谈了很长时间，探讨新零售是什么、价值在哪里、发展方向在哪里等。针对红蜻蜓渠道和产品相对老化、销售业绩承压等“痛点”，他提出，要围绕品牌、产品、销售渠道、数字化建设等方面进行全面转型。最终，我们一起着手推动红蜻蜓的数智化转型，红蜻蜓也变得越来越洋气了。

《决策之道》有心地做了红蜻蜓两代人的两个采访，相信大家能从中得到很多启发。红蜻蜓是一个还在不断前进、有想象空间的企业，我也会一直关注。

"60后"企业家：27年的红蜻蜓如何突围转型？

钱金波 独家口述

红蜻蜓集团董事长

"中国鞋都"温州品牌林立，红蜻蜓是其中闪耀的一颗星。创始人钱金波在鞋革行业摸爬滚打35年，经历过三次行业变革，实现了三次转型升级。如今，他依然充满斗志：2017年伊始，带领红蜻蜓布局新零售业务；2022年7月，建立产业互联网平台惠利玛，服务于整个鞋革行业。钱金波如何带领红蜻蜓一次次突围创新？他的传承经验能带来哪些启发？答案在本文中。

老品牌升级的关键点

《决策之道》：您在1995年创办红蜻蜓，当时仅温州就有4300多家鞋企，其中不乏康奈、奥康等佼佼者，但红蜻蜓依然在这么激烈的消费市场中脱颖而出。现在回首，您认为自己当时走的最关键的一步是什么？

钱金波：红蜻蜓是我儿时的玩伴，在我童年的记忆里是很美好的回忆，我1995年创立企业时就把品牌命名为"红蜻蜓"。那时候全国的商品还比较匮乏。大家都专注于做产品，而我想到了挖掘"红蜻蜓"这个品牌与自然、文化的关系：红蜻蜓的名字是非常富有文学色彩的，蜻蜓会在傍晚时分出现；为了在产品中融入更多品牌文化，我此后又创立了中国鞋文化博物馆……通过赋予产品更丰富的品牌内涵，红蜻蜓比别的企业多了一个营销的维度，使消费者觉得它与众不同，于是就脱颖而出了。

《决策之道》：红蜻蜓在2017年就开始了新零售业务。近几年很多企业也在提倡转型，但实践起来并不容易。有人把数字化转型概括为三方面的困难：一是不会转，二是不敢转，三是不能转。您有什么转型的经验可以分享给其他企业家？

钱金波：我27年前创立了红蜻蜓，但实际上35年前就开始在皮鞋行业里摸爬滚打。这35年中，三次变革让我感受非常深刻：当初鞋企只要做出来产品，多打广告，再开一个招商会，销量就会很好；后来进入渠道为王的时代，门店越多越好，曾经有多少人羡慕红蜻蜓的3000家门店；到了今天，3000家门店已经没有多少顾客，对企业来说成了一个大负担，甚至让我睡不着觉。

近两年我一直在思考企业如何转型升级，这对任何一家企业都不容易，何况红蜻蜓已经创立27年了。中国有千千万万的老企业都急需品牌年轻化和数字化转型，从而焕发新的活力。关于转型，我们有以下三个关键词。

一是想做。红蜻蜓是我一生的事业，它就等于我的生命，没有它就没有了一切。这不仅是我必须要做的，还是我必须做好的。在互联网时代，如果脱离了与"Z世代"的沟通和交流，品牌就没法获取顾客。如果不用数字化的工具来打通上下游，建立柔性供应链，企业就做不到多快好省。品牌保持年轻化、保持活力，这是每一个企业当家人都想做的事情。明确了"想做"的信念，就会带动企业管理者的自驱能力、决心和坚持。

明确了"想做"的信念，就会带动企业管理者的自驱能力、决心和坚持。

二是能做。数字化转型的核心在于思维和人才，我们经营企业几十年，对传统的业务流程非常熟悉，也形成了研产销一体化的渠道，问题就只是如何改变业务流程和业务设计，从而实现产品在线、直播在线、物流在线、支付在线、沟通在线这"五个在线"。我们为什么相信能做到呢？因为我们与顾客的沟通、对顾客的服务、快速向顾客交付的渠道……这些都有非常好的基础，是我们能力范围之内的，只不过还需要思维上的转变——要以顾客为中心。什么样的方式能让顾客满意，我们就怎么做，这就离不开数字化工具。

做一件事情
主要靠的是搭团队。

三是怎么做。任何一件事情要做长、做久乃至做成，都必须靠团队的力量，必须首先考虑到组织的调整、人才的选拔。红蜻蜓首次尝试数字化和新零售转型时，我把一位人力资源总监调岗到新零售中心担任负责人，这看起来跨度很大，人力资源总监怎么能做新零售总监？我对这位总监讲："做一件事情主要靠的是搭团队。你本来就是搞组织工作的，现在做新业务只要把人组织好就完成了60%。"所以启动一项新业务时，我会从组织入手，先选拔人才，同时注意新老搭配，既要有懂传统业务的，又要有懂数字化流程的。从想做、能做再到怎么做，我们就这样一步一步落到了实处。

从红蜻蜓到产业互联网

《决策之道》：2022年7月，您有了一个新的身份——浙江惠利玛产业互联网有限公司董事长。您为什么会从鞋企跨界到产业互联网呢？

钱金波：一方面，早在2015年，国家便提出供给侧结构性改革，这几年国家政策上的种种新业态，无论是工业互联网、产业互联网，还是柔性供应链、供应链数字化，其实万变不离其宗，本质上都是如何有效利用整个行业的各种资源，实现降本增效，具体来说就是如何提高土地利用率、流水线周转率、劳动力的人效等。这件事意义重大，在温州市委、市政府倡导下，温州市于2022年成立了五大传统产业的产业链办公室，由主要市领导担任链长，选择优秀的链主来搭建产业平台，再去服务产业链上的中小企业和商家。我在鞋革行业里做了这么多年，还是要把自己的精力放在对行业、对社会最有用的事情上，这也是提升自己价值的好事。

另一方面，做产业互联网就是做红蜻蜓的延续。27年来，红蜻蜓覆盖鞋革行业的研发、生产、销售等各个环节，积累了强大的供应链资源，也培养了很多人才。我们现在既有能力，也有信心服务鞋革行业，于是就成立了惠利玛鞋革产业互联网平台。

惠利玛打造了“产业大脑+未来工厂+数字产业园”的模式，自主研发了五大工具：爆品抓取工具、3D设计工具、数字化销售的好货通工具、面向集采服务工厂的好采通工具、面向新零售的好卖通工具，实现了从产品设计、原材料到工厂生产、销售、零售整个环节的贯通，让厂房、设备、土地、产品等要素发挥最大效益，为整个行业的中小企业乃至全国商家服务。

现在温州的各行业基本都建立了产业链平台，比如在电器行业，以正泰为首建立了产业大脑；阀门行业是永嘉县的支柱产业，也在打造产业大脑……可以说各行业都在逐步建立数字化产业链，不过从综合力度上看，鞋革行业应该是做得最领先的。

《决策之道》：惠利玛官网介绍，以“科学家+设计师+产业互联网”为理念。有专家认为中国不是没有科研能力，也不是没有制造能力，最大的问题在于研发端与产业端很难结合。那么惠利玛如何实现“科学家+设计师+产业互联网”的理念？

钱金波：我们国家有很多科学家，每一个科学家背后都有非常多的专业技术，但是如何使专业技术实现商业价值？这个过程相当于二万五千里长征。如果每个产业都有一个产业平台，以孵化、转换为主要功能，服务于前端与后端，效率就会大大提升。

惠利玛为什么要把实验室建在车间？因为过去

互联网时代要创造内容、创造卖点，才能够与年轻的消费者沟通。

国内的研发中心都在高校，而惠利玛让科学家在车间研发，从源头接触行业、接触企业，让科学家真正了解用户是怎么想的，根据市场信息不停地迭代和研发。同时，企业家也介入其中，认识到科技研发活动对企业未来业绩的影响，从而形成正向循环。除了科学家、企业家，还一定要加上设计师。科学家的成果再好，也需要设计师设计出顾客喜爱的产品外形。全过程是在产业互联网平台上完成的，让更多的人参与进来。如果没有产业平台的介入，任何一环的转换都会产生问题。

在发展事业的同时，也要多想一想国家的未来，把技术掌握在自己手里。

惠利玛2022年7月成立，现在已经有7位科学家在园区开展研发活动，比如鞋底的高分子回弹材料、几种鞋面的皮料……都是与各大高校的科学家、教授合作的。还有很多设计师陆续入驻惠利玛，通过数字化爆品抓取工具，可以实时无缝对接探讨产品未来的趋势、设计、面料、功能、卖点……互联网时代要创造内容、创造卖点，才能够与年轻的消费者沟通，这都离不开快速变化的生产，离不开材料研究、专利研发，等等。

还有很多企业在做类似的探索。福建的匹克运动在2018年推出新科技鞋底匹克"态极"，可以说是让企业起死回生了。国外有一个瑜伽裤品牌lululemon，大家也非常熟悉，它难道只生产瑜伽裤吗？它的背后有心理学家、生物学家、工程师、设计师、科学家等，开发了多种产品。无论是国内还是国外，这两个案例都表明了共同的道理：如今的产品不仅离不开设计师，也离不开科学家。

《决策之道》：党的二十大强调了高质量发展，也强调了促进数字经济发展，加快发展工业互联网。您认为现阶段的企业家该如何更好地利用数字技术、国家政策利好进行转型？

钱金波：新时代发展的机遇空间非常大。从原来的粗犷式发展到现在的高质量发展，发展的空间会更大。什么是高质量发展？新机器、新网络、新思想……所有因素都要更新，然后改变生产流程、制造方法，最后提高企业的质量。

在高质量发展的倡导下，企业如何做到不被淘汰，还能够引领行业？必须清醒地认识产品要以消费者为中心，产品的品质要能够让全世界的人认可，企业的技术标准要有更好的自主性，这样才可以称为高质量。对新时代的企业家来说，在发展事业的同时，也要多想一想国家的未来，把技术掌握在自己手里。

“60后”如何更新认知、完成企业交班

《决策之道》：您为行业服务的热情很令人敬佩，但或许也有人担心这样做会培养出竞争对手。您怎么想？

钱金波：一个行业只有一个人做是不够的，一群人做才会兴旺。什么叫集市？一个人在一个地方卖菜，其他人知道了也去那里卖菜，也有很多人去那里买菜，最后这个地方就成了集市。同行不是竞争对手，是相互支撑的友军。不过，友军互通互联还是需要水平相当的，比如你用苹果手机，我用华为手机，我们可以联通；如果你用老人机，我用智能手机，那我们就联通不了。做产业平台需要利他思维，利人利己，先利人后利己，而且就算有人超越了自己，自己也觉得高兴。

我是一个“60后”，还能够谈谈产业互联网、数字化、内容营销、元宇宙、虚拟仿真等，这必须得学习。有人觉得这个老头思想挺年轻、还挺可爱的，这对我来说就是一种安慰和认可。

每个人在人生不同阶段有不同的规划，思想、价值观会不断地深化。如果能对社会、对他人有

做产业平台需要利他思维，利人利己，先利人后利己。

用，有的人根本不要求回报。我已经过了追求财务自由的阶段，到了知天命的年纪，能为这个行业做多少就做多少，能做多少好事就做多少好事。我相信每一位正和岛的岛亲都会有这样的阶段。在快退休的年纪还可以为社会做点事，就是每个人小小的中国梦。

在快退休的年纪还可以为社会做点事，就是每个人小小的中国梦。

《决策之道》：您年轻时开创“绿草计划、阳光工程”的销售模式，创立“远距离管钱、近距离管人”的公司体制，现在又创办了惠利玛，是怎么做到有勇气不断地创新，不断地更新自己的认知的？

钱金波：**第一，一个人必须要有好奇心。**没有好奇心就没有了自驱力。要做企业尤其需要好奇心。

第二，一定要追求美。为什么当初叫“绿草计划、阳光工程”？当时我们的门店遍地开花，就好像是绿草一样。有了大片“绿草地”，就要推出“阳光工程”，绿草地不需要太多的呵护，只要有阳光和雨水就可以茁壮成长。后来需要全国统一管理的时候就推出了“蓝天体系”，把资金、货品管住。这些词都带有红蜻蜓品牌的浪漫、美，说起来亲切易记，又很有内涵。

我刚创业时就觉得要追求美。什么最美？大自然是最美的，既然知道了美，就要寻求接近。但接近的时候它可能又不美了，因为朦胧也是一种美。我们有一句标语，27年都没有变，是“从距离中寻求接近”。这就好像开车一样，从温州出发，经过金华、杭州，最后到上海。每一段距离的结束都是另一段距离的开始。创业之路也是一样，每一个阶段的成功都要归零，然后跨越，再归零，再跨越。距离的美学促使我在财务管理上做了创新，实行“远距离管钱、近距离管人”的放权制度。红蜻蜓的博物馆里归纳了很多经营企业的经验，都带着对美的向往。

博物馆里有一张照片，是我凝视着手里的鞋子，下面有一句话：“我相信机会来自直觉，是对某一个事业和事物的狂热投入，更需要有一个框架和梦想！”来参观博物馆的人几乎都会拍这句话，他们觉得：“这不是当下的我吗？”“这不是过去的我吗？”“这不是未来的我吗？”总的来说，对美的追求和好奇心是我的原动力。

《决策之道》：现在很多民营企业都面临交接班的难题，您的儿子正在逐渐接手红蜻蜓的新兴业务。您认为在企业传承过程中上一代企业家和下一代企业家的角色定位分别是什么？

钱金波：企业交接班是一个长期问题，如果想顺利地交接班，必须提前做好铺垫。

首先，要做好跨代关系治理和代际沟通。很多人总认为“我的孩子怎么不听我的”，“60后”普遍都想改变“80后”，但在我看来应该是“60后”先改，再影响“80后”。很多企业在交接班时，两代人往往都要求对方先改，而不是自己先改，最后在跨代关系治理和代际沟通上出现了非常严重的问题。如果大家都换位思考，交接班就会顺利。如果下一代不仅不崇拜上一代，甚至还讨厌起来了，是不可能顺利接班的，沟通不畅还谈什么接班？

其次，交接班是一个长期的沟通过程，需要3到5年甚至5到10年的时间来“种草”。“60后”真的决定让下一代接班的话，要不停地做沟通——这不是一份财富、一份名声，而是一份责任、一份家业。上一代创造了一份事业，它属于谁？不可能送给别人吧，肯定是下一代的。下一代对家业也要有正确的理解，家业时时刻刻伴随着下一代从读书走向社会：读书的钱，都是家业买单；出去跟朋友吃饭也好，谈恋爱也好，也是家业在背书。所以上一代希望事业延续下去，是很正常的。

每一个阶段的成功都要归零，然后跨越，再归零，再跨越。

生命不息，战斗不止，不为别的，只为自己。

如果下一代不喜欢上一代的事业的话，当然可以做自己喜欢的事，但是，家业的财富永远属于家人，还是有多种方法让下一代接手的。第一种情况，如果下一代喜欢产业，想继承产业再做出贡献，那就接班当CEO；第二种情况，如果下一代不想这么累，可以退后一步，做董事长，聘请CEO，实行经营权、所有权分离；第三种情况，如果下一代还想往后退，只喜欢拍拍照、打打坐，那也可以，就当实际控制人。

跨代关系治理和代际沟通是每一个“60后”企业家需要学习的，要学习如何站在“80后”的角度思考，不要老自以为是，不然沟通肯定会出问题，这是我的经验。

《决策之道》：这几年因为新冠感染疫情、国际冲突等因素，很多企业尤其出口企业面临困境。一些企业家比较缺乏信心和动力继续做下去，而您依然富有活力，有什么体会可以分享？

钱金波：生命不息，战斗不止，不为别的，只为自己。我们的行为时时刻刻会影响他人，特别是影响自己的孩子。如果碰到困难就退缩，会给孩子做出什么示范？我时刻在意自己的行为，无论是给孩子看还是给朋友看，都是一种担当和形象。

当然了，每个人都有自己的活法，如果放下一切，享受生活，也挺好。不过，作为新时代的创业人，如果每个人都很阳光、很自信，这种自驱力和活力也会影响自己的下一代、影响周边的人。如果大多数人是这样，那我们每个人的未来、我们中国的未来肯定会越来越好。

采编：曹雨欣、田兴宇

红蜻蜓接班人：品牌如何年轻化？

钱帆 独家口述

红蜻蜓集团总裁

这是一个未完待续的故事。“85后”钱帆历经10年锤炼，成为红蜻蜓集团总裁。他如何一步步继承家业？如何带领父辈创立的企业实现新突破？他这一代人又如何应对企业当下的机会与挑战？

十年磨砺，接班红蜻蜓

《决策之道》：您在2012年正式进入红蜻蜓。这10年里，您从基层开始轮岗，一步一步成为红蜻蜓的总裁，请用几个关键词来总结您这些年来的心得。

钱帆：努力、创新和改变，是我10年来比较关键的体会。我毕业于商业管理专业，最初对于鞋革行业也是一窍不通的，这10年为了全面了解生产经营的各个环节，我先后在设计、研发、采购、销售等多个部门轮岗，才更加了解行业、产品、消费者。

创新和改变越来越重要，国内鞋革行业这10年面临周期更迭，不管是营销模式，还是产品、渠道都必须创新。这几年我也一直在做创新的工作。不管我个人，还是企业以及品牌，都到了一个应该彻底变革的时刻，只有这样，未来5到10年才会有更好的发展机会。

《决策之道》：您刚毕业时尝试过在投资公司工作，自己也创立过时尚品牌，再到进入红蜻蜓并逐渐接班，您的心态有什么变化？

钱帆：我毕业时没有很明确的规划，想多尝试其他行业，就没有直接进父亲的公司。当时国内投资热潮兴起，我学的是相关专业，于是就去了一家投资公司负责私募业务。这份工作让我收获不小，不过在任何行业，新人都不得不做很多基础工作，当时公司的会议纪要、资料整理都是我来做的，工资也就5000元。现在回想，那份经历只是我的一次尝试，而非关乎未来的选择。

那段时间里，父亲并没有强迫我来红蜻蜓，而是更多地引导我：不管进哪个企业，想升职都需要很长时间，而且其他企业不太可能把所有的信息都对我开放，成长起来比较慢；红蜻蜓毕竟是我们自己的家族企业，会对我开放所有信息，父亲会花更多精力培养我，能让我了解到整个企业运作的情况，成长得更快。我后来就进入了红蜻蜓。

刚进入红蜻蜓的时候，我对行业和品牌都缺乏理解，过去的一些报道也说我觉得红蜻蜓土。当我亲自走进线下门店，才发现我们的大部分客户都比较传统，如果把欧洲的时尚产品放到我们的渠道里也销售不掉。品牌形象根植于企业渠道、市场群体，一定类型的渠道适合一定类型的人群，也会造就一定类型的产品和品牌。中国市场与外国市场，甚至国内不同地域的市场之间，它们的发展趋势、流行趋势、市场受众等都有很大差异，比如在上海商场卖的商品和在小城市门店里卖的商品不一样，广东和东北卖的商品也不一样，只有精准地划分渠道、对标人群才能有好的销量。

近几年我主要负责企业内部的创新业务，前几年在上海的一线商圈开了几家国际设计师品牌鞋类集合店，可惜因为国外供应链跟不上就关掉了。这些创新业务和创立一家企业一样，需要从零开始，虽然没有让我们的企业赚到钱，但是让我对企业经营、渠道拓展、产品定位、门店经营等有了更深的体会——如果没有自己全周期负责过一个项目，可能门

转变思维的关键在于深度理解消费者和市场。

传统企业要想改革，往往需要老板跑在前面做排头兵，把路探清楚了，员工才会跟着老板冲。

店租金高了我都不知道，这些创新业务沉淀下来的经验未来也能反哺红蜻蜓的发展。

《决策之道》：中国的一代企业家大多生于20世纪六七十年代，成长于一穷二白的环境，而八九十年代出生的人在成长过程里，物质相对没有那么匮乏。您也有长时间在海外的经历。您做这些创新业务时与上一代有哪些需要磨合的地方？

钱帆：我感受到的主要是新旧思维的磨合，而非这一代与上一代的磨合。

进入互联网时代以后，商业模式变化得也很快，新的东西层出不穷，对我最大的挑战是如何转变现有团队的思维，不要再依赖过去成功的路径。转变思维的关键在于深度理解消费者和市场，就像我刚回国时不理解红蜻蜓的鞋子为什么那么传统，随着我对市场的理解，才知道这是红蜻蜓的市场和渠道决定的。人只有思维转变了，行动才会有转变，否则就像西餐厨师去做中餐，怎么做得出来？我的适应能力相对来讲还是比较快的，尝试了新方式去实现品牌年轻化，比如在网络社交平台打广告，而不是像过去在路边买下广告牌。当然，这些转型的过程里会有很多争执，我们内部常常开会碰撞观点，新旧思维的磨合还是需要很多时间的。

《决策之道》：新思维与旧思维的磨合一定非常艰难，如果有老员工无法更新自己的思维方式，您是怎么处理的？

钱帆：一些员工的思维很难转变，光用嘴巴给他们讲是没用的，我必须做给他们看，证明这条路是对的，他们才会接受。这几年直播带货很火，我一直想推动直播卖货的渠道。最初一些头部主播的工作人员担心红蜻蜓的鞋子不够时尚，在直播间卖不了多少，我花了很多心思，终于打通了直播渠道。首次直播当晚就卖了近两万双鞋子！这个销量对大多数员工来说是难以想象的。就这样，员工们逐渐信任我在各个方面的决策。

在我们这样的传统企业，优势是员工吃苦耐劳，执行能力很好；劣势是员工创新和探索的能力相对弱了一点。传统企业要想改革，往往需要老板跑在前面做排头兵，把路探清楚了，员工才会跟着老板冲，一旦大家看见这条路前面有光了，冲起来也是很快的。

《决策之道》：一些企业家感到很为难，有的跟着自己几十年的老员工实在跟不上转型的企业，但自己情感上很难开除他们。到底如何做，才能让企业的人才和组织不断优化？

钱帆：很多企业都遇到过这些问题，确实会很为难。我们也经历了一些类似的情况，比如前两年红蜻蜓有一个干了很多年的高管，在转型过程中思维不太能跟得上。我们高层一方面不忍心开除他，另一方面也不敢开除他，担心对公司业务影响很大。不过在调岗的时候他主动离开了，后来发现其实公司离开他也经营得挺好，业绩也没有下滑。

如果不掺杂感性因素，我认为没有所谓的老员工和新员工，只要跟得上时代的，都是“新员工”；跟不上时代、不能给企业带来价值的，都是“老员工”。关于老员工的去留问题，很多企业家其实是被自己的感情左右，但这个问题根本上是由企业的发展情况决定的。现在年轻人才是主流消费人群。时代变化了，企业如果跟不上时代的变化，压力是非常大的。

没有所谓的老员工和新员工，只要跟得上时代的，都是“新员工”；跟不上时代、不能给企业带来价值的，都是“老员工”。

品牌年轻化要落实到每时每刻

《决策之道》：您一直致力于品牌年轻化，不同的人对品牌年轻化的理解可能不太一样。您是如何理解

品牌年轻化需要以事件为契机，不是换产品那么简单。

品牌年轻化的内涵和意义的？

钱帆：这些年国内几乎所有传统品牌都在进行品牌年轻化的工作。2010年前后，李宁品牌为了吸引年轻顾客，改变了价格、款式、LOGO……结果不仅没有吸引“90后”，反而在一定程度上“激怒”了老用户，拉低了他们对李宁的好感度和消费欲望，此后连续3年销量下滑。2018年李宁品牌参加了一场巴黎的时装秀，其服装体现了很强的中国风复古元素，这个偶然的事件被大肆报道、转发、点赞，勾起了消费者的民族自豪感，进而点燃了国民的消费热情，当时李宁的产品一度售罄。这个例子说明品牌年轻化需要以事件为契机，不是换产品那么简单。

红蜻蜓这些年一直在做年轻化工作：产品慢慢地更时尚，门店从街上转移到购物中心里，更多营销资源放在线上，请品牌代言人……这些都需要一个周期才能让消费者感知到，虽然挑战不小，但红蜻蜓的基础优势在于渠道和品牌知名度，我们只需要维持优势，同时从经营、渠道、产品等层面发力，就可以跟年轻消费者建立更多连接。

《决策之道》：就像谈恋爱一样，时时刻刻抓住消费者的心，就算有很多新品牌冒出来，消费者也一直喜欢我们的品牌。

钱帆：对，现在国际知名的奢侈品不都这样吗？不断地换代言人，不断地出联名款、节日限定款。消费市场竞争太激烈：新的东西层出不穷，消费者的选择太多、接收的信息太多。比如奢侈品牌LV，前几年很多人觉得LV标志性的“老花”图案已经过时了，2018年，LV和设计师维吉尔·阿布洛签约，在“老花”图案中加入很多年轻消费者喜欢的元素，加上一些营销动作，销量又回升了。

品牌的年轻化应该是时时刻刻都在做的事情，而不是一个月做一次、一年做一次。年轻化也意味着企业领导者生活方式和思维方式的改变，要了解年轻人的生活方式。

《决策之道》：您提到国外品牌LV，采访您父亲时他也提到过lululemon。现在大部分流行品牌都是国外的，您是否可以总结一下，国内企业要打造品牌可以跟国外企业学什么？

钱帆：首先，国外企业的品牌溯源做得比我们好。LV创始人是一个在法国做箱子的匠人，品牌会不断讲述这段历史，通过有意思的故事和画面描述创始人传奇的一生，展现品牌的历史沉淀。不得不承认，很多中国人喜欢买欧美国家品牌的东西，它们让消费者感受到了品牌的价值。为什么国内出不了真正的奢侈品？核心还是我们在打造品牌时缺乏历史、文化的意识，品牌缺少灵魂，外国人对于品牌历史的尊重是很值得我们学习的。在红蜻蜓，我父亲对品牌溯源比较重视，红蜻蜓是我父亲儿时的伙伴，我们的品牌蕴含了儿时的梦想、自然的美好。

此外，国外的审美水平大体是在我们之上的。品牌故事如何表现出来？通过门店选址、门店形象、产品设计、广告内容等一体化呈现，让消费者全方位感受到"这是几百年的品牌""这个牌子确实很高级"。有的企业可能品牌故事讲得很动人，但线下门店或者产品并没有给消费者那么好的体验。

《决策之道》：在红蜻蜓品牌年轻化的过程里，您遇到了哪些难点或者关键点？

钱帆：关键是渠道和产品要转型。红蜻蜓的销售渠道原先以街铺店为主，但是现在主流消费人群都在购物中心购物，未来我们会有50%以上的门店布局在购物中心，更多地接触到主流消费人群。同时产品也要适应主流消费人群的审美和穿搭。鞋子其实是跟着服装的趋势而变化的，像这两年阔腿裤很

品牌的年轻化应该是时时刻刻都在做的事情，而不是一个月做一次、一年做一次。

为什么国内出不了真正的奢侈品？核心还是我们在打造品牌时缺乏历史、文化的意识，品牌缺少灵魂，

流行，那么鞋子不能做那么瘦，要宽大一点才能压得住阔腿裤。

最难的是如何刷新年轻人的认知。红蜻蜓现在有很好的产品，难点在于缺乏现象级的事件刷新消费者的认知，让很多人愿意主动试穿。我们送了很多博主红蜻蜓皮鞋，大家反馈都很好，觉得比奢侈品的鞋子还舒服。很多年轻人都听说过红蜻蜓，他们觉得是父母那一代的品牌，很少会主动购买。我们想让他们知道，红蜻蜓虽然是个老品牌，但是产品也不错。我们不仅要和消费者建立连接，还需要刷新他们的认知，这是比较难的。

企业如何顺利完成交接班？

《决策之道》：很多二代企业家和您一样，甚至初中、高中就在国外读书，对父辈们的事业不是很感兴趣，也不太愿意接班。您觉得父辈们做到哪些事情可以让企业顺利交接班？

钱帆：每家企业、每个家庭的情况都不一样，接班与否也不一定。接班的核心是财富的传承，如果二代有能力也有兴趣就接班；如果二代没能力也没兴趣，就把资产交给他，比如把股票给二代，让他当董事长，由CEO负责企业的经营，这也是一种接班。父亲也跟我说过，“你要是真的不想干，我就给你一点股票，再找个CEO，也算交班。不过你要是能接班就太好了，我们继续一起干”。

我接班成为红蜻蜓的总裁不是父亲硬推的，而是顺其自然的。我自己学的商业管理专业，也比较喜欢时尚，离开投资公司后回到自己的家族企业，发现其实所有行业经营的本质是差不多的，都是市场、营销、产品等一系列逻辑。于是我一直在红蜻蜓锻炼，并逐渐融入其中，慢慢承担起父亲这份事业的责任。这个过程的核心是父亲对我的引导。他从来没有对我说过“你一定要接我的班”，而是基于我在企业里的成长，一步一步地引导我了解红蜻蜓、了解鞋革行业。近10年来，我几乎每个岗位都走了一遍，内部的新项目也做过了，这两年的转型升级也深度参与了。一方面，我对企业的责任感越来越强，另一方面，其他员工看到了我的能力，认可了我。

二代接班普遍存在的一个难点是代际沟通问题。我相对比较幸运，我父亲是一个比较开明的人，我们平时会一起逛街，研究一些潮牌，甚至有时候朋友聚会我也会带上他，我身边的一些朋友会叫他“波波大人”，大家在一起很融洽。两代人之间的沟通是特别关键的，我认为只要不存在沟通问题，二代会慢慢把自己的一份责任扛起来，这个过程可能需要很长一段时间的磨合，我与我父亲也磨合十来年了。

从子女的角度，大部分子女对父辈沉淀的财富还是很认可的，只是他们是否喜欢用家族企业这种形式继续去创造财富。我认为关键还是父辈的引导。

从父辈的角度，核心是要以平等的身份跟子女沟通。对大多数人来说，只有双方平等沟通的情况下，才愿意理解对方。如果父辈居高临下，强势地沟通，会导致二代产生排斥的心理。另外，接班不存在绝对的形式，不管是哪个行业，二代都可以在父辈的企业现有的基础上做一些创新的工作，不一定要去其他企业。父辈可以引导子女，给他们一些机会、资源，让他们能留在家族企业内做自己喜欢的事，比如在分公司负责创新业务，子女做的业务还有可能对家族企业的老业务产生推动作用；并且双方不是毫无关系的，子女可能做着做着就愿意接班。如果完全放任子女出去闯荡，他们可能真的就不回来了。我接触到的二代都是跟我差不多的接班路径，在企业里待了很多年成长起来，自然而然地接班了。

品牌故事如何表现出来？通过门店选址、门店形象、产品设计、广告内容等一体化呈现。

接班的核心是财富的传承，如果二代有能力也有兴趣就接班；如果二代没能力也没兴趣，就把资产交给他。

《决策之道》：您如何看待“二代”这个身份标签，您身边这些年轻的接班人都是什么样的状态呢，包括您自己？

钱帆：我自己不大在意这个标签，不管是富二代还是二代企业家，对我来说都意味着责任，可能外界很多人觉得“二代”有钱、有闲，生活得很开心，但其实这个角色的责任和压力是很大的，我们既要守业又要创业，不一定比普通白领有更多时间享受生活。我身边有很多二代企业家，当然有少部分负面例子，但是大部分二代都已经接班，工作中非常务实，对事业非常投入。

《决策之道》：对于未来您有哪些规划，是继续聚焦于商务皮鞋，还是会尝试其他领域？

钱帆：我的主要精力还是会投入主体业务的创新和改革，同时也会关注未来的趋势，探索一些新业务，最好能够把新业务与主体业务结合起来。市场变化非常快，红蜻蜓原来是做皮鞋的，但现在大家更经常穿运动鞋、休闲鞋，只在特定场合穿皮鞋。红蜻蜓也要随着市场趋势丰富自己的产品线。未来，红蜻蜓不只是生产皮鞋，也会生产球鞋、板鞋、老爹鞋、马丁靴等，成为专注于鞋类的品牌和企业，鞋类产品的创新和发展是红蜻蜓的根基。

脚踏实地的同时也要仰望星空，未来如果有好的机遇，红蜻蜓也会探索和时尚、生活方式相关的行业，比如服装业。我相信未来发展的机会还有很多。

采编：曹雨欣、田兴宇

漫天黄叶飘落，身感风冷水寒。冬来栖止何处？满目寂寥空山。

插画摘自 @ 老树画画

洞见

INSIGHT

“四大周期律”与企业生存法则[①]

田涛 独家撰稿

华为高级管理顾问

衰退的唯一原因就是繁荣[②]：关于经济技术周期律

预测未来是危险的，经常会被证谬。但经济社会发展有其宏观规律，有一种宏观层面的周期律。从周期律的视角看经济社会的演进趋势，也许会带给我们一些启示。

周期律隐匿于人类的历史背后，大多数组织包括国家组织、企业组织都无法跳出周期律。

然而，我们也必须看到，人类历史中某些伟大的国家、伟大的企业，它们之所以伟大，就是因为它们具有逆周期生长的能力。比如，在一场巨大而持久的经济衰退过程中，有些企业却能够对抗衰退周期，在衰退中赢得发展先机，从而迎来复苏之后的快速崛起。

“四大周期律”支配着人类的经济社会发展：一是康波周期，二是熊彼特周期，三是不平等周期，四是组织兴衰律。

1926年，俄罗斯经济学家康德拉季耶夫在对1800年以来大量的世界经济统计数据进行分析之后发现，发达经济体中存在一个“复苏—繁荣—衰退—萧条”的循环周期，每个周期大约为48至60年，即康波周期。

1936年，美国经济学家熊彼特给康波周期嵌入了一

① 本文是作者面向企业家群体的三次内部讲座的整理稿，是对《理念：卓越组织的原动力》一书中的主要观点的概括、解读与补充。

② 关于经济周期律的论述，可参考《逃不开的经济周期》（拉斯·特维德著，中信出版社）、《繁荣与衰退：一部美国经济发展史》（艾伦·格林斯潘等著，中信出版社），如果读者对经济周期律还有进一步了解和思考的兴趣，《剑桥美国经济史（第三卷）：20世纪》（斯坦利·L.恩格尔曼等著，中国人民大学出版社）也不失为关于美国经济繁荣与衰退周期现象描述与研究的经典著作。

个至为关键的要素——技术创新（主宰经济兴衰的是技术创新）。每个周期大约是45至60年，即熊彼特周期。

这种能够左右经济周期走向的技术创新具备几个特征：首先，能够引发大规模的商业革命、消费革命。其次，新的技术带来的消费浪潮又波及各个行业，推动整个经济体进入风起云涌的“增量时代”。

在“增量时代”，企业大量涌现，企业家大量涌现，资本高度活跃，新产品层出不穷，整个社会充满着冒险氛围和创造活力。这个阶段是新技术新产品新消费的“黄金年代”，大约30年。之后，就进入了30年左右的技术的广泛、饱和应用阶段以及创新停滞期，这个阶段的特征是，市场竞争烈度不断加强，到下半段末期进入极限竞争状态，整个社会消费活跃度下降，企业扩张性和赢利能力普遍衰退，随之而来的是企业对外投资的理性与保守、对内研发投入的谨慎与递减，进而导致新产品创新不足。这种供给侧与消费侧同时疲软的现象，标志着一个经济体或者全球经济逐渐步入“存量时代”。

所谓“存量”，是指经济的低增长、增长停滞，甚至负增长。推荐企业家读一本书：《繁荣与停滞：日本经济发展和转型》。日本经济在1950—1973年平均增长率高达9.2%，1974—1991年平均增长率仍然在4.1%，但1992年至今，一直徘徊在1%以下[①]。在“停滞的20年”之后，日本经济也许会长期停滞下

① 可参阅《繁荣与停滞：日本经济发展和转型》（伊藤隆敏等著，中信出版社）。此书应该是关于日本经济兴衰周期律研究的最权威著作之一。此书史实与数据翔实，论证层层剥茧，逻辑结构相当严谨，且文字流畅生动（译者郭金兴先生的翻译也功不可没）。建议我国企业界人士和经济、管理研究者认真关注和研究此书。从日本经济的崛起、发展、挫折、繁荣与萧条、复苏与衰退的历史中，可以隐约看到似曾相识的影线：政府之手和市场之手、产业政策与企业家精神、集权与放权、封闭与开放、贸易保护与贸易自由、重商主义与市场经济、岛国经济与全球化、制造业的蓬勃发展与当下挑战、技术创新与产业应用、房地产的暴起与暴落、金融自由化的利与弊、美国对日本经济的非正当干预与日本的应对方略、美国对日本企业的不公正打压与日本企业的应对策略，以及当今日本经济所面临的结构性挑战，比如人口老龄化问题、社会活力普遍而持续的衰减等。同时，日本历届政府和企业在国民经济面对衰退与停滞时，所采取的一系列改革举措及其成效与负效应，都值得我们认真借鉴。

去，这是一个很特别的、反周期律的现象，很值得关注和研究。

人类历史中某些伟大的国家、伟大的企业，它们之所以伟大，就是因为它们具有逆周期生长的能力。

工业时代以来，人类大约经过了这样几个经济周期，或者叫产业周期：

（1）蒸汽机技术带来纺织产业时代；

（2）内燃机技术带来铁路时代；

（3）电气技术使人类步入汽车时代；

（4）石化能源技术创新带来飞机产业的形成。

以上四轮经济周期，有一个共同特征——每轮经济周期的技术创新都与能源相关。除了纺织产业，铁路、汽车和飞机产业还有一个共同特征——交通革命带来的时空革命。过往的100多年里，随着每一轮的技术创新带来的产业创新，人类的商业半径、消费半径、交往半径、思想半径、行为半径，都在时间和空间维度大幅度地延展。总而言之，能源技术的发明与创新是过去200年人类经济社会周期律的决定性因素。

而发端于20世纪七八十年代的信息产业革命是唯一的一次与能源技术无直接关系的产业周期（事实上，支撑信息技术产业迅猛发展的背后仍然与能源相关，比如各类电子产品的电池在过往30多年的革命性技术演进）。20世纪70年代的美国经济处于衰退期，但正是在衰退的10年里，信息与通信技术迅猛孵化。1971年第一台微型计算机诞生，1973年第一个光纤通信实验系统诞生，1976年第一代移动通信系统诞生。1985年《广场协议》签定，美元大幅贬值，信息与通信技术大规模创新，大规模商业化，大规模进入各行各业的广泛应用，进而广泛而深刻地影响数亿人的生活方式、消费方式、认知方式、交往方式等方方面面，人类社会出现了历史上最为波澜壮阔的、一次长达30年左右的“复苏—繁荣”期。从1985年至今已经37年了，依据熊彼特周期，这一轮的繁荣期已经过了高峰阶段，事实上，过去10年，全球各主要经济体都处于低增长态势。

中国是这一轮繁荣期的最大受益者，得益于天时——1978年的改革开放，使中国在最佳的历史时点融入了世界经济高速增长的大潮流之中；得益于地利——十几亿人的劳动力资源、消费市场与亚太经济蓬勃发展的大趋势高度契合；得益于人和——十几亿人同心同德，以经济建设为中心，一心一意谋发展。

正是天时、地利、人和，三要素皆备，使得中国从一个极低的经济起点，用40年左右的时间，奇迹般地跻身世界经济发展的前列，GDP跃居全球第二位。这样的多重叠加的发展机遇在全球国家经济史上并不多见，未来很长时间恐怕也难以再现。

文明进程从来都是非线性的：关于不平等周期与组织兴衰律

前面讲的是经济、技术周期，但很显然，无论是康波周期还是熊彼特周期，都是纯经济的或者纯技术与经济视角的研究，而事实上，经济、技术发展永远是在极其复杂的社会背景上展开的，经济、技术发展与社会变迁互为因果、相互纠缠、相互促进或相互对立，才真正构成了经济、社会的兴衰周期律。

斯坦福大学历史学教授沃尔特·沙伊德尔写的《不平等社会》一书，被《华尔街日报》定为“商业领袖推荐图书”，中国企业家也应该读读这部巨著。沙伊德尔通过对石器时代到21世纪跨越数千年的史实和数据的扎实分析，得出一个令人震惊的结论：和平时期，尤其是繁荣时期，不平等是一个无解的话题，而消除不平等的唯一出路是所谓的“天启四骑士”，包括瘟疫、战争、饥荒、死亡。几千年来，人类社会一再重复这样的崩溃性怪圈和破坏性周期。我们（不同制度结构、民族结构、文化历史结构的国家）是否还

供给侧与消费侧同时疲软的现象，标志着一个经济体或者全球经济逐渐步入“存量时代”。

有更多、更有效的消除不平等持续加剧的，具有创新性、建设性的经济与社会治理模式？这关系到经济社会活动中的每一个阶层、每一种角色和每一个人，尤其是企业家群体的当下和未来。

沙伊德尔提出的不平等周期在时间维度上有着什么样的规律？这种规律与康波周期、熊彼特周期有无时间节点上的耦合？这是一个值得深入研究的课题。

第四个周期律是组织（国家、企业等）兴衰律。人类的文明进程永远是非线性的，从来都是起起伏伏、盛衰相依。

我总是倡导企业家读史，读中外国家史、企业史，读东西方政治家、企业家、科学家传记。那些一流的史著，无论描述的时代、民族与国家、宗教与文化、人物、事件与故事有多么不同，但揭示的逻辑几乎是共通的：饥饿感带来奋斗，奋斗带来繁华，繁华又带来腐化与懈怠。读高阳先生的《胡雪岩全传》[①]，读克利斯托夫·赫伯特的《美第奇家族兴亡史》，把两本书放在一起读，你不能不感叹唏嘘：无论东方西方，人性演化在本质上是一致的。东方的红顶商人胡雪岩与西方的金融巨头美第奇家族，前者仅仅兴盛了20年左右，便急剧衰败，后者繁盛时富盖王室，历300年六代的兴衰之后，最终以惨绝的方式终场。20年与300年，崛起的因素是一致的：企业家的冒险精神、洞察力、勤勉、长袖善舞与时运相济。衰败的因素同样是一致的：纸醉金迷、奢靡腐化、懈怠、雄心过度膨胀且野心跨界、势衰而运窄[②]。

我曾经对浙江的企业家朋友说：你们有一个宝贵的精神遗产，就是胡雪岩故居。当你的企业风生

① 高阳所著《胡雪岩全传》（文汇出版社），关于一代红顶商人胡雪岩的描述虽颇具文学色彩，但在胡雪岩研究方面，仍不失为一部史实丰富的经典参考著作。而对企业家来说，此书的可读性与史实性相结合，引人入胜之外，亦发人深省。

② 此处可参读《我们为什么要做企业家：企业家精神与组织兴亡律》（田涛著，中信出版社）。

水起之时，每半年去胡宅待半天，喝杯龙井清茶，读几遍朱镕基的题词，也许会让自己变得更理性、更谨慎、更警觉一些。

我这里还要特别提到一个人：盛恩颐，胡雪岩之后的晚清首富盛宣怀唯一的嫡子。他从小在金银窝中长大，接受过良好教育，曾在英国留学，回国后子承父业经商，后来的民国财政部长宋子文做过他的英文秘书。盛宣怀过世后，他继承了家族最丰厚的一笔遗产——汉冶萍钢铁厂，年钢产量占当时整个清朝的90%。但从来不知饥饿为何物、奋斗为何物、经营管理为何事的浮华公子，夜夜沉迷于豪赌盛宴、酒池肉林之中，拥有12房妻妾，坐着上海第一部进口的奔驰轿车，正午开始工作，躺在大烟榻上批文件，一次赌博输掉上海一条街巷的房产……仅仅10年，就让一个"财富王朝"彻底败落。败落到什么程度？抗日战争结束之后，他跟李鸿章的孙子两个人在大街上转，看到旁边一个公园，想到公园里去转一转，但是两个人都拿不出买门票的钱。大潮流作弄一代风流人物，是外因；自我作弄是内因。外因内因，孰轻孰重，只能追叹历史了，而历史在微观和中观层面常常是"一团浆糊"。①

我经常把几本不同的书夹杂在一起读，有时会有些跳跃性的思考，比如过去两年缠绕我大脑的一个烧脑话题是："康熊周期"的60年与我们老祖宗总结的"60年一甲子"是一回事吗？为什么都是60年？还有这个60年魔咒和老祖宗讲的"富不过三代"又是什么关系，或者毫无关系？我个人朦胧地认为，应该有一定关系：第一代商人（企业家）无论是否具备所谓的企业家精神，奋斗与冒险大约是他们共同的特质，他们中绝大部分人在商场摸爬滚打了30年

① 关于商业组织兴衰律，可引申阅读的参考书包括以下两本：《权力、资本与商帮：中国商人600年兴衰史》（王俞现著，北京联合出版公司），值得静心（反复）阅读和思考的《财富、商业与哲学：伟大思想家与商业伦理》一书（尤金·希斯等著，浙江大学出版社）。

左右，兴衰皆在一代之间，少数交班于二代。幸运的话，二代依然葆有奋斗和冒险基因，在相对厚实的财脉、人脉、文脉（良好教育）之上二度创业，也许用20年、30年开辟了更大的基业和事业，但也有如盛公子流，家业尽付腐化懈怠中。这两代人的奋斗生涯，归加起来大约就是“60年一甲子”……而作为第三代，则面临一个巨大挑战：如何跨越周期律——60年左右之后的组织疲劳（活力衰减）与文化疲劳（价值观倦怠与扭曲）？对企业的基业传承者而言，保持hungry（饥饿感）、商业激情[①]、好奇心、生命中不可承受之轻（不奋斗毋宁死）缺一不可。

世界从来不是平的，全球化充满了倒退；历史从未终结，哪有什么终极胜利？书斋学者阔论“基业长青之法则”，那只是他或他们不在危机汹涌的棋局中，不懂兴衰律罢了。企业家则需要自警和自醒。君不见，《基业长青》那本轰动一时的商业畅销书中列举的若干个“基业长青”的范本企业，几乎有1/3在不到10年的时间里陷于困境，或接近消亡。

历史总是在押韵前行：我们正处于各个周期律的下半段尾期

前面我们总共讲了四个周期律，包括康德拉季耶夫的康波周期、熊彼特周期。熊氏认为技术创新

① 激情，是一切事业家成就自我的生理—心理基础。但那些拥有杰出成就的个体，他们往往既具备充沛的、狂热的激情力量，又有坚定和清晰的人生靶向，即所谓成功人士的“矢量原则”。具体到商业组织，在通常意义上，第一代企业家首先是被财富饥饿感所驱使；其次，他们的多巴胺能量强大，并且这种能量体现在对商业活动的发自本能的迷狂上。而到了第二代、第三代，他们中一些人也许能力更强，活力也更饱满，但对商业、对企业经营这种职业兴趣寡淡，缺乏狂热追求。这常常是许多“富二代”“富三代”无法超越第一代企业家，甚至将企业带入衰境的最关键的隐性原因。因此，职业经理人这一角色就变得非常重要，这种可以“批量”产生（“生产”）的特殊群体，是过去百年以来企业管理逐渐走向现代性、稳定性和可持续性的核心动力和轴心因素。

在阅读和研究中外企业家传记的过程中，会发现一个有意思的现象：那些发迹于经商活动的名门望族，其二代之后的子嗣绝大多数不再从商，转而从事科学研究、教育、艺术、慈善等工作，卓有成就者亦不在少数。而三代、三代以上“孙承祖业”者虽有，比如罗斯柴尔德家族，但罕有。

和平时期，尤其是繁荣时期，不平等是一个无解的话题。

是影响经济兴衰律的核心因素。熊彼特周期是一个三嵌套，长周期是45到60年；长周期中嵌套着若干中周期，为8到10年；中周期中套着若干小周期，大约以40个月为期。

在康波周期和熊彼特周期之外，我们又讨论了另两个周期：不平等周期和组织兴衰律。我这几年一直试图把这四个周期律放在一起进行思考，但迄今为止并没有很清晰和系统的结论，尤其是后两者，它们是否也是以60年左右为一个周期？它们二者又具有怎样的时空层面的相关性？它们与康熊周期律又是一种怎样的关系？是同步关系还是异步关系，或者完全无关（完全无关似乎不可能）？

我们经常说一句话：历史不会重演。的确是，但历史又总是在押韵前进，“韵”就是周期性的韵律。

当今人类社会的很多现象在历史上似曾相识，而以上四个周期律在今天这个历史节点似乎又有一点同步重合。世界各大经济体也许正处于四大周期律的下半段末期，这也意味着我们正从本轮经济繁荣、技术创新的高峰期缓慢或急剧，甚至断崖式地向衰退的方向演进。当下，我们很可能正处于一场巨变的早期阵痛之中。

国际货币基金组织称，2022年前三季度的经济增长是2001年以来最为疲弱的，几大经济体表现出经济下滑：2022年上半年，美国GDP收缩；欧元区出现收缩；中国经历了持续的新冠感染疫情反复，同时房地产行业的困境在加剧。约1/3的世界经济体面临连续两个季度的经济负增长。

本轮以信息产业为主导的经济周期，兴起于美国硅谷的技术创新浪潮，并广泛波及全球各大经济体，尤其是中国。但自2008年金融危机之后，一直到2012年，再到今天，无论是硅谷还是中国的互联网产业、信息技术产业，都出现了普遍的创新乏力，新技术、新产品、新企业在过去10年呈现出逐年衰疲不振的递减趋势。硅谷已不再惊艳和活力四射，而是“正在平庸化”，世界多国的“硅谷”同样充满暮气和迷茫。那些巨无霸互联网企业也都步入“增长的极限”，进入饱和竞争的阶段。全世界各个经济体都在自觉或不自觉地期待一种类似蒸汽机、内燃机、电力电气、石化能源、计算机和光纤通信那样的更具创新性的新技术时代和新产业时代的到来。

一般来说，推动每一轮经济复苏的新技术，必须具备这样几个要素和条件：

(1)更广阔的市场语境，市场潜力和想象的空间足够宽阔、足够大。

(2)能够掀起更大规模的消费革命。

(3)新技术创新牵引的商业化、产业化浪潮，必须直击人类普遍的、必需的、成瘾的潜在消费欲望。

衰退期常常是新技术的孕育者和诞生的产婆。20世纪70年代，美国经济处于衰退期，全球经济也不景气；但衰退的10年孕育了计算机技术的商业化、无线终端的商业化，还诞生了光纤通信技术。但这里有一个非常重要的前提，就是“斯坦福+企业家/创业家+资本”，即技术与资本的融合与互相促进，而企业和企业家精神则是其中最关键、最核心的纽带和基础性要素[①]。

衰退期带给真正的企业家的不是绝望和恐慌，而是警示和考验，更可能是机遇。有远大抱负的企业家遇到危机时，更应该最大限度地释放企业家精神和战略主动。比如俄乌冲突和全球气候变暖，也许在很大程度上会大大加速新能源技术、绿色能源技术的创新步伐和商业化步伐，很有可能的是，下一轮的经济复苏依然会来自能源技术的突破。当然，有一种观点是，下一轮的经济复苏是多角技术创新所共同推动的，比如新能源、人工智能、生物技

① 格林斯潘在《繁荣与衰退：一部美国经济发展史》中关于技术创新、经济周期与企业家精神的论述，非常具有启发性。另一本值得阅读的著作是《美国创新简史：科技如何助推经济增长》（乔纳森·格鲁伯等著，中信出版社）。

饥饿感带来奋斗，奋斗带来繁华，繁华又带来腐化与懈怠。

术、太空探索等等。

如今这个时代和过去有很大不同，虽然全球经济可能会陷入衰退期甚至深度衰退期，但如今技术创新的全球自觉、资本的全球自觉、企业家对技术创新与资本的自觉拥抱，都与工业革命以来的大多数阶段有了很大不同，人类的精英群体对经济规律和技术规律、资本规律的认识和把握，比以往时代更清晰，同时也更有共识，这也许会有助于抑制经济衰退的程度，引导经济尽早走出衰退期，步入新一轮的复苏期。

但令人忧虑的是，当下由美国发起的技术保护主义和贸易保护主义潮流，以及俄乌冲突前景的巨大不确定性等非市场因素，也可能会大大加剧全球经济衰退的规模和程度，延滞经济复苏的到来。

关于不平等周期，在本轮经济周期的孕育阶段，1976年，美国最富有的1%的人群的收入仅占国民收入的9%，30年后的2006年，这一数字增长了3倍。这一群体拥有美国一半的股票、债券和共同基金，而底层50%的人群仅拥有0.5%的私人财富，中产阶级在30年间快速贫困化。2015年，美国最大规模的私人财富大约是美国平均家庭年收入的100万倍，这个数字要比本轮经济走上复苏和繁荣快车道前夕的1982年时高20倍。同是在2015年，地球上最富有的62个人所拥有的私人财富净值，与人类较为贫穷的35亿人拥有的财富相等，世界上最富有的1%的家庭拥有超过一半的全球私人财富净值，这还不包括他们隐匿在海外的一些资产[①]。

与此对应的是，30年前约有35%的世界人口生活在极端贫困中，而30年之后，这个比例已降至不足9%。财富的累积效应非常惊人，在世界范围内，各国的基尼系数都在上升，但绝对贫困人口大幅下降也同样惊人，这和中国过去40余年的改革开放所释

①见《不平等社会》（沃尔特·沙伊德尔著，中信出版社）。

放的发展红利有很大关系，也和中国政府在过去几十年所推动的大规模扶贫工程所创造的减贫奇迹有绝大关系。

严重的贫富分化现象不仅可能会引发其他一些社会问题，仅从消费的角度讲，财富的过度集中化、高度聚敛于极少数人，也毫无疑义会带来消费动力的普遍减退。消费严重不足，经济何谈持续繁荣?

从组织兴衰律的角度审视，我们似乎也进入了下半段的末期，其外在特征主要是国家疲劳症与国民疲劳症。经济繁荣期，整个社会生机勃勃，从个体到家庭，从企业到国家，充满了进取性，人们的物质与精神生活丰富多彩，并且普遍对未来充满希望。全球尤其是中国，在过去的30年、40年，大约皆如此。

但当下，甚至今后比较长的一个时期，似乎世界各大经济体都在步入个体与群体活力的衰减期，无论是美国、欧洲、日本还是其他经济体，都在滋长一种普遍的“躺平主义”，社会活力衰退、减退，到处弥漫着对不确定性的观望与迷茫，甚至悲观与沮丧①。读中外历史，这样的“文明迷失”现象曾在很多国家的文明演化史上频繁出现过，今天的人类面临着又一波相同但又不同的挑战。而今天与过去的最大不同在于，一是“躺平”呈现出全球化现象；二是作为人类历史上最强大的信息载体——互联网对文明进程的深度扰动。

对企业的基业传承者而言，饥饿感、商业激情、好奇心、生命中不可承受之轻（不奋斗毋宁死）缺一不可。

向管理要“基业长青”：用爆发性增长掩盖粗放型管理的时代已不可持续

前面讲了四大周期律，今天，世界各大经济体似乎都处于本轮周期的下半段末期。如果此论成

① 可参读格林斯潘《繁荣与衰退：一部美国经济发展史》中“死于绝望”一节。

立，我们就不得不面对一个冷峻现实：全球经济大概率将进入衰退期，进入所谓的“存量时代”甚至“缩量增长时代”。大势所趋，企业和企业家应该有怎样的应对之策？有怎样的选择之道与术？我在最新出版的《理念：卓越组织的原动力》一书中，借鉴华为应对危机的一系列战略和做法，参考任正非面对危机时的一些观点和思路，提出了一个“20字生存法则”：稳住阵脚，收缩战线，夯实基础，等待时机，提速前进；同时又从“术”的层面提出“12字生存方略”：深挖洞，广积粮，高筑墙，缓称王。这“20字生存法则”与“12字生存方略”仅是我对华为几十年来应对多轮和多重危机的一个形而上的提炼，并不一定准确和恰切，只是希望能给企业家带来一点启示。

在经济衰退期，企业要有逆周期生存能力，要建立一种底线（也是最高）思维：活下来是企业管理的最高哲学。

有统计数据显示，一般中小企业的寿命为7年，世界1000强企业的寿命大约为30年，500强企业的寿命大约为40年，只有2%的企业寿命在50年左右。亚马逊CEO贝索斯说：大型公司的生命周期只有30多年，而不是100多年，亚马逊终有一天会倒下，亚马逊将会破产，我们必须尽可能延迟这一天的到来。听着是不是很熟悉？是的，任正非也是这个腔调。亚马逊和华为这样的巨无霸企业，它们的创始人都在“危言耸听”，都在忧患“大象”倒下、“恐龙”倒下，为什么？真正做过或大或小企业的人，相信都有彻骨的感同身受。

历史从未终结，哪有什么终极胜利？

今天存活了20年以上、30年以上的中国民营企业，无不是改革开放的既得利益者，无不是在本轮经济周期的复苏与繁荣阶段快速崛起的，无不经历了九死一生的苦难与成长，同样，无不是在所在行业无数企业的“兴也勃，亡也忽”的大败落的层叠堆积中熬出来、挺过来、活下来的。不是所有的企业在经济的盛景期都能活下来、活得好。在机会遍地和环境宽松的时代，不能错过机会，也不能滥用机会。许多企业死于烟花灿烂的岁月，最致命的因素之一就是总在“滥用机会”，被机会主义推向浪巅，又掀进浪底[①]。

改革开放以来的中国企业，严格地讲，仅仅经历过“康熊周期律”的上半段——前30年左右的经济“复苏—繁荣”期和下半段的繁荣下行期，尚未走过一个完整的经济周期，尤其是尚未经历过全球范围的经济大衰退。经历过春夏秋和暖冬、小寒，却未经历过真正的、漫长的经济冬天。

同时，活了20年、30年以上的企业，今天也大多面临一个巨坎：“在湍急的河流中换马”——交接班。貌似一些企业已实现了代际传承，但第一代打天下的英雄交给新掌门人的是一个摇摇欲坠的“商业帝国”，还是一个资产负债表优良、管理优良、人才相对丰裕且稳定、组织文化充满活力、产业具有良好增长潜力的基业？经济荣景期，即所谓“增量时代”，似乎漫天都是“财富雨”，爆发性的连续性增长使得许多企业家疏于自我学习和自我管理，疏于在企业中进行精耕细作的系统性管理，包括客户管理、市场管理、研发管理、供应链管理、现金流管理和财经管理、人才管理，以及领导力建设和文化建设。当经济大环境进入衰景期时，又恰恰是二代企业家的接班期，很显然，这个时期和未来任何阶段，用爆发性增长掩盖粗放式管理的发展模式已不可持续，对仍然执掌帅印的第一代和即将

① 关于这一段的论述，读者可翻检2020年以来关于中国当代企业和企业家的一些相对严谨的案例文章。这两年，这方面的文章非常之多。一是由于经济景气水平下滑，不少曾经辉煌的企业陷入困境，甚至经营不可持续；二是宏观政策调控，使得一些企业长期积累的资产负债表危机暴露，这其中包括一些貌似大而不能倒的企业；三是一些企业在宏观调控之前、新冠感染疫情大流行之前、全球经济景气水平低迷之前就已出现经营滞缓，销售额与利润低增长、负增长，现金流短缺和负债率过高，外部环境变化更是雪上加霜。多重外部因素叠加带来的影响是巨大的，但同时暴露了这些企业在内部管理上的诸多弊端和缺陷，其中最典型和最普遍的问题是：过度机会主义导向的经营观、发展观。

衰退期常常是新技术的孕育者和诞生的产婆。

或已经掌舵的二代、三代企业家来说，向管理要效率、向管理要效益、向管理要发展、向管理要“基业长青”，既是当下应对衰退的被动之举和应然之举，也无疑应该成为企业家长期不懈的使命和追求。

管理是与低效经营和无效经营斗争的伟大工具，这是企业家之所以为企业家的鲜明“文身”，是卓越企业和普通企业的重要区分标志。人们都在朝前走，朝四面八方走。企业家的职能、管理的职能就是让几十人、几百人、上千人、上万人、十几万人甚至几十万人朝着同一个方向走。激发人，约束人，组织人，让他们围绕着同一个目标释放主动性和创造性，在为企业持续带来价值的同时，也赢得自我价值的提升。

企业的经营与管理绝非对立或分割关系，企业面向客户、市场的一切经营活动，在本质上始终是基于资源要素和激励要素的关于人财物的一种管理行为。

管理绝不等于管控，管理是激励与管控的双面体，而且激励始终是优质管理的主导内涵。管理也不等于烦琐哲学和叠床架屋的“鸟笼”，那只是管理的扭曲变形而已，也是每家有历史和有规模的企业所不可避免的“组织病”。所以，管理必须始终拥有一把锋利的手术刀——管理变革。管理变革和自我批判是优良管理的核心组成部分。

经济景气水平低迷，导致未来发展战略的不确定性更加突出时，企业家尤其要警惕“企业家病”：企图以一人之力预料一切、掌控一切、操纵一切，却经常不去承担绝对责任；一马平川时抱持一种持续且盲目的自我优越感，危机扑面时掉入持续且盲目的悲观之中；秉持“要么全赢要么全输”的市场竞争观，不懂或漠视对内对外的进攻与妥协的辩证法——而只有“自己活，也让别人活”的领导力哲学，才是企业领导力建设的根本之道。管理之综要，首在企业家的自我管理。所谓自我管理，无外乎是企业家要有一种强大的理性精神，要懂得自我觉察、自我克制、自我反思和自我批判，要建立一种开放思维力，形成一种成熟的悖论领导力，尤其是要永远被健全的常识所牵引——关于人性的常识，关于管理的常识。

衰退期带给真正的企业家的不是绝望和恐慌，而是警示和考验，更可能是机遇。

中国企业与欧美发达国家企业之间的差距，不仅是技术创新能力、产品质量、企业规模与利润等可量化指标上的距离，更核心的是管理上的巨大差距。美欧企业也经历过漫长的原始积累时期的无序管理、野蛮生长、粗放式经营阶段，它们用了100年左右的时间，在成千上万家企业倒闭和数千数万家企业被市场和法律惩罚，交了大量的学费后，才走上了科学管理和管理科学之道。而非常值得关注的是，无论是美国企业还是欧洲企业，它们每一次的普遍的管理进步和提升，都是在经济走出衰退低谷期之后出现的[①]。但愿中国企业在40年左右的高速成长之后，能够抓住本轮的经济衰退“机遇”，建立对科学管理的信仰，建立对管理科学的敬畏和自觉，使企业、企业家都能在管理观念和管理实践、管理创新和管理变革方面，跨上一个新台阶。

伟大企业大多跨越产业周期，中小企业需要跨过产品周期

工业革命以来的标杆企业，那些堪称伟大的企业大多活了100年甚至200年以上，它们无不是跨越产业周期的，无不经历了一个甚至几个以60年为周期的经济的春夏秋冬。读企业史和企业家史，你会发现一些共同特征。

特征之一，在增量时代储存“过冬的棉袄”（技术创新与现金流），在存量时代收缩战线，稳住阵

① 可参阅《清教徒的礼物》（肯尼斯·霍博等著，东方出版社）和《繁荣与衰退：一部美国经济发展史》。

脚，同时随时窥伺机会，局部扩张和突围，为5年、10年之后的经济复苏奠定基础。

特征之二，始终拥抱变化、强化核心能力、发展多核业务。所谓拥抱变化，就是要应对技术和产业的变化，而不是抗拒变化。以GE（美国通用电气公司）为例，在其130年的发展史上，共跨越了三轮经济周期，在每一轮经济周期从萧条向复苏的转型期、或者说是产业转型的早期阶段，大都踩准了新一轮的新技术产业化的鼓点。但客观地讲，类似GE这样的伟大企业，它们不仅是在拥抱变化，也是在创造变化，即德鲁克所说的“创造顾客”。更多情形下，它们不是在为一种或几种新技术的产业未来下创新之赌注，而是站在技术和产品创新的制高点，引导技术发展方向和产业潮流。

特征之三，不断吸纳和强化核心优势、核心能力，基于核心能力进行产业选择，形成多核业务。德国西门子公司有170余年的历史，经历了四轮经济周期和产业周期，比GE活的时间更长；而且在今天依然拥有强大的技术和产品竞争力、规模竞争力，比GE活得更健康。这两家“大象”级、“恐龙”级企业在各自的100多年历史中，都曾涉足了20多个行业。但仔细研究，你会发现，它们在大多数时间里都是基于企业自身的核心能力去进行多角扩张和创新发展的，而不是摊大饼式的、涉足多个不同产业领域的多元化发展。GE主要是围绕着材料工艺、电气和机械、数字化（三种梯次演进形成的核心能力）进行技术和产品的迭代、跨代创新，西门子主要围绕着电气化、自动化、数字化（三种梯次演进中形成的核心能力）进行多门类的技术和产品创新。

相反的案例也发生在GE身上。技术背景出身的GE第八代总裁杰克·韦尔奇曾经以其对技术和市场的敏感，以其卓越的领导力和大刀阔斧的变革勇气和变革能力，使身陷沉疴的GE重新崛起，再创辉

财富的过度集中化、高度聚敛于极少数人，也毫无疑义会带来消费动力的普遍减退。

煌，在1998年成为“全球最强大的公司”。但在韦尔奇掌舵的后期，却将GE带上了横跨多个不同产业领域的多元化之路，尤其是金融化之路。在他卸任后不久，GE重陷危机之中，甚至在2018年被剔除出道琼斯指数（GE于1907—2018年稳居该指数长达110年）。盛也韦尔奇，衰也韦尔奇。韦尔奇离任之后，GE新掌舵者在董事会的支持下，所进行的第一项重大改革就是去金融化，并收缩战线，去偏离GE核心能力和优势能力的产业多元化。

伟大的公司也并非都曾跨越过60年一轮的产业周期、经济周期。谷歌、亚马逊只有20多年的历史，只经历过本轮经济技术周期的增量时代、繁荣时代，它们难道不伟大？某种意义上，正是谷歌、亚马逊、Facebook、华为、思科、阿里巴巴和腾讯等一大批“少年新贵”（与百年巨头企业相比）缔造和推动了这一轮经济周期的复苏和繁荣——人类历史上空前的技术创新浪潮和商业繁荣，推动了空前规模的信息化与全球化，并推动了各行各业竞争的高度透明化和竞争的空前残酷，从而催生了“人类的寿命越来越长，企业的寿命越来越短”这样一种前所未见的特殊现象。今天一家30岁左右的企业，完全抵得上本轮经济周期之前的“百年老店”100岁的寿命，而事实上，那些跨越过一轮、二轮、三轮甚至以上周期的传统“百年老店”在过往30年间也纷纷走向败落和百病丛生。

当然，在本轮经济周期的下行期、存量乃至缩量增长时代，“屠龙少年”也同样面临着如何过冬的大坎。激情火爆的连接经济的盛宴已剩残宴，舞场灯火变得稀落，舞者亦纷纷退场，理性主义的企业和企业家开始全球性回归：向乌托邦和大跃进告别，向精细化管理要效益、要效率，向技术和产品创新要生存，向产品质量和优质服务要市场。只有遵循、坚守这样的管理常识，也许才能在即将到来

在经济衰退期，企业要有逆周期生存能力，要建立一种底线（也是最高）思维：活下来是企业管理的最高哲学。

许多企业死于烟花灿烂的岁月，最致命的因素之一就是总在“滥用机会”，被机会主义推向浪巅，又掀进浪底。

的衰退周期中存活下来，并迎来下一个周期的复苏与繁荣。

“萧条的唯一原因就是繁荣”，创造、推动并享尽繁荣红利的那些当今代表性的伟大企业，自然也要承接衰退与萧条的冲击。衰退是对繁荣后遗症的一种矫正机制和修复机制，更是一种创造性毁灭力量，也是经济重回复苏和繁荣的唯一力量。

对于中小企业和传统企业来说，经济衰退带来的影响无疑更为深重。但无论是繁荣期还是衰退期，中小企业和传统企业（尤其是传统制造业企业）面临的更直接、更关键和更现实的压力，则是如何跨过产品周期。一招鲜，吃遍天，在一个剧烈竞争、饱和竞争的市场环境中，是绝无可能保证一家企业长久“吃下去”、存活下去的。传统企业和中小企业也同样必须拥抱创新，拥抱开放，始终坚守“客户就是上帝”、以客户为中心的生存铁律。

结语：西西弗斯与“伟大的挣扎”

再推荐一本书：《伟大的挣扎：不确定时代的责任型领导力》[①]。这本书围绕着希腊神话中的一个叫西西弗斯的人物，精彩阐述了什么叫卓越的领导力，什么叫动荡时代的领导力。

西西弗斯被诸神惩罚，日复一日、年复一年地从山脚将巨石往山顶推。他面对的挑战是永恒的：春夏秋冬的四季变化、每日每时的天气变化、攀登路上的诸多不确定性；重复性劳动带来的厌烦感（厌烦是理想境界的暗疮——叔本华）；推到山腰时巨石一次次掉落带来的一次次的挫败感；灵魂深处时常袭来的巨大而浓重的无意义感；终于战胜千难万阻将巨石推上山顶后的欣悦与空虚交织的复杂情绪；登

① 《伟大的挣扎：不确定时代的责任型领导力》（小约瑟夫·巴达拉克著，浙江人民出版社）。

顶后，是再到另一座山脚下、再次攀登另一座更高的山峰（二次创业、三次创业……），还是卸载使命与理想，归隐于生命和生活中的“无意义之轻”？

事实上，每一位责任型的企业家皆如西西弗斯一般，在其一生中，始终在一种“伟大的挣扎”中来回摆荡，选择向命运妥协，或者自我战胜。

真正的企业家恐怕最不易承受的是：生命中的不可承受之轻。

在我和一位创业21年的企业家一起交流《伟大的挣扎：不确定时代的责任型领导力》这本书时，这位曾经的大学副教授创办的企业，在经历了一次次“苦难与辉煌”后，刚刚又陷入了创业以来的第N次危机。他从自身的领导力实践中悟出了一段富于哲理的话：你曾经非常理性和谨慎，直到你不再谨慎，然后，你就拥有了企业家精神的第一要素——冒险精神。你绷紧每一块肌肉一点一点向上挪动巨石，你成功了。但与之同时，当谨慎和理性被你完全置之脑后时，忘乎所以的非理性能量又会将你置于衰败困境之中，甚至生死危境之中。

卓越领导力总是呈现出悖论的力量。经济处于下行状态、处于衰退周期时，尤其需要企业家拥有一种悖论思维、悖论精神、悖论领导力。

2022年7—11月，于北京

编辑：曹雨欣

向管理要效率、向管理要效益、向管理要发展、向管理要“基业长青”。

检视半生行迹，酸甜苦辣辛咸。幸有朋友相助，才能一路向前。

眼前红尘万丈，心中一尺丘山。回首恍若一梦，欲说却已忘言。

插画摘自 @ 老树画画

书单 BOOK

滕泰 书单

经济学家、万博新经济研究院院长

“生在这样一个时代，我们不得不终身学习、阅读。养成读书的习惯是划算的，不管多大年纪，我都会坚持读书，希望你也能养成这样的习惯。”

《逃不开的经济周期》
[挪威]拉斯·特维德 著

对于普通读者来说，这是一本很好的了解经济周期的入门书。学者写的东西往往偏理论，很枯燥，不适合大众阅读。《逃不开的经济周期》却不是一本讲理论的书，而是一本讲故事的书。作者用自己的语言把300年来的经济周期串了一遍，非常通俗易懂。另外，中国的金融分析师几乎都看过这本书，他们在大学里学的理论多数是没用的，而这本书介绍的一些工具还比较实用，一些分析师读了之后便推荐给其他分析师，于是就一代代地传下来。到今天，这本书还排在经济类图书排行榜的前列。

有人说，经济周期这东西，知道了也没有用，因为不能预测拐点，也改变不了宏观。我不认同这种观点，这不是改变的问题。生活在这个时代，要知道宏观的趋势向哪儿发展，不能跟周期对着干。另外，每个行业都有自己的周期，每家企业也都有自己的周期，知道了自己处在什么样的周期里，才能更好地把握机遇、应对挑战。

《宇宙的琴弦》
[美]布莱恩·R.格林 著

本书作者布莱恩·R.格林是著名的弦理论专家，但这本书并不是讲弦理论的，而是给大家做物理学史科普。我明明是搞经济学的，为什么喜欢这本书？其实经济学跟自然科学相比很落后，向来都是自然科学在前面负责预测和改变，经济学在后面负责解释，在自然科学中，最领先的又是物理学。以前的专家是什么都懂的通才，但今天的专家基本都只深耕一个很小的领域，需要补充其他领域的知识，这是我自己阅读《宇宙的琴弦》的原因。这本书对我打开思维很有帮助，相信也会帮助其他读者打开思维。

《中国思想史》
钱穆 著

钱穆讲的历史跟我们平时学的历史是有差别的，它没有很多条条框框的东西，比如“封建社会”这个词，在钱穆的书里就没有。其实“封建社会”是郭沫若照抄马克思的研究给定义的，把资本主义之前的农业社会称为封建社会，实际上这是错的。什么叫封建？封建就是分封建制。中国的封建社会是在周朝，到了秦始皇的时候，把封建制改成了郡县制，封建制就没有了。钱穆的这本书，是在原汁原味地讲中国传统文化，没有把一些西方的东西强加在里面，所以在阅读的时候，对照之前学的思想史，我们的看法会更全面。

《深度转型：大分化时代中国怎么办》
滕泰、朱长征等 著

我最新的一本书叫《深度转型》，大家更要重视这个副标题——大分化时代中国怎么办。首先讲讲什么叫大分化时代。首先是东西方的大分化，其次是产业的大分化，最后是区域的大分化，这些都和我们的生活息息相关。面对大分化，我们不能坐以待毙，国家要转型，企业要转型，个人也要转型。转型很不容易，任何时候都是这样的。就像华为，从卖交换机的企业转型为今天的高科技企业；海尔从纯制造业企业转型为创新型企业；通威股份从卖饲料的企业转型为光伏一体化的龙头企业，市值从几十亿元涨到上千亿元……容易吗？不容易。然而，不转型就是死路一条。转型并不是遥远的事情，就在我们身边，成功转型的企业家或者部分成功转型的企业家遍地都是，我在自己的这本书里也做了部分的总结。当然，转型是个大问题，企业家掌握方法后再去思考，更容易找到适合自己的答案。

编者注：滕泰是新供给主义经济学和软价值的理论提出者，全国工商联智库委员，曾于2010年及2015年受邀参加国务院常务会议并做经济形势汇报。

编辑部年度书单

编辑们的共同爱好大概就是读书了，加上爱书、编书、访书、买书和藏书，足以构建起一个人的读书生活。一本书可以折射出一个人的精神世界，影响正和岛大编辑、小编辑们的书又有哪些？这是一份来自编辑部的特别书单，希望让您开卷有益。

《卓有成效的管理者》（55周年新译本）
[美]彼得·德鲁克 著

今天这个世界最可怕的事情之一，就是到处充斥着无效的组织和无效的管理者。与此相关的更为可怕的是，人们对这种无效性似乎已经习以为常了，因为大家并不认为真的还有什么办法可以改变现状。

当我重新发现德鲁克《卓有成效的管理者》出版55周年新译本后，简直惊掉下巴、如获至宝：让现代组织和知识管理变得“有效”的“为什么”和“怎么办”尽在此书，只要按图索骥、用心实践，这个“有效”是每个人都可以实实在在学会的。我们到底是“不能”呢，还是“不为”？为此我在这里郑重推荐：与这部经典终身为伴，我们每个人和所在组织都将成为卓有成效的价值创造者和贡献者。

——推荐人：刘东华 正和岛创始人兼首席架构师

《毛泽东诗词鉴赏辞典》
上海辞书出版社
文学鉴赏辞典编纂中心 编

毛泽东曾自述：“万里长征，千回百折，顺利少于困难不知有多少倍，心情是沉郁的。”然而在困难与沉郁之中，却少有悲观与彷徨，多的是豪情、壮志与诗意。

这本书收录了60余首毛泽东诗词，其中蕴含着充足的宇宙观。“丈夫何事足萦怀，要将宇宙看稊米，沧海横流安足虑，世事纷纭从君理。”视野变大了，困难就会变小。有心人也能看到其中充沛的企业家精神：他为何一生钟爱梅花？青年时代在颇受冷落的北平，在冰雪覆盖的北海，他看到了怒放的梅花，自此引起“无穷的欣赏”。后来在诗词中，他对梅多有吟咏，“梅花欢喜漫天雪”“已是悬崖百丈冰，犹有花枝俏”……

如果冬季注定来临，而且冬日漫长，企业就必须让自己蜕变成“梅花型企业”，在寒风里开放，在冰雪中发出幽香。

——推荐人：陈为 正和岛副总裁兼总编辑

《制内市场：中国国家主导型政治经济学》
郑永年、黄彦杰 著

任何在中国从事商业的机构，都须了解“中国最近正在形成”的“国家—市场协同机制”。在《制内市场》中，郑永年用40余万字深度分析中国式国家与市场的关系问题，其中也包括国企和民企的关系问题。

郑永年认为，中国“市场化的限度是由中央政府相对于市场、国有企业和地方政府的能力和利益计算决定的”，“当一个企业很小，且没有任何政治和社会意义时，国家可以不管它，甚至促进它发展，但一旦它发展到一定规模，并开始具有财政意义甚至政治意义时，国家将建立自己与企业之间的纽带，以主导私人资本”。

读懂这本书，就可以深层次理解最近几年中国提出反垄断、防止资本无序扩张、混合所有制背后的深层原因。民营企业读懂它，才能清楚自己的历史定位和生存空间。

——推荐人：林定忠 正和岛副总编辑

《菜根谭》
孙林 译注

这是一本容易被忽略而值得反复阅读的书。

“咬得菜根断，则百事可做”。《菜根谭》是明代的一部语录体著作，浓缩了儒释道三教合一的思想，既有儒家的中庸之道，又有释家的出世与道家的无为理念，囊括修身、入世与出世等内容，启发我们精进用功而又悠闲从容地活在世间。

这本书让我爱不释卷的原因还在于它的语言简练明隽，文辞优美，兼采雅俗。读一读这样的语句：“拨开世上尘氛，胸中自无火炎冰兢；消却心中鄙吝，眼前时有月到风来”，无论处于何种环境，人的内心便能很快安静下来。

在世事纷繁的当前，相信这本书能给予很多人前行的力量，还有安然超脱的襟怀。

——推荐人：曹雨欣 正和岛《决策之道》主编

《献给阿尔吉侬的花束》

[美]丹尼尔·凯斯 著

这是一本让你看后泪流满面的书。

这本书获得科幻界最重要的两个奖——“星云奖”和“雨果奖”，名副其实，当之无愧！但这不是一本科幻小说，更是一本人性关怀之书……

有网友在豆瓣上说：“飞机上看完的，然后在机舱一直哭……几年来看到的最好的小说。这本书被称为科幻小说，事实上科幻是形式，打动我们的还是人性。”然后提出一个令人深思的问题——从不曾拥有和拥有全部然后眼睁睁（看着）失去，哪个更令人无法接受？

还有人评价说：“这是一本代入感很强、动人心魄的好作品。读毕最后一句，查理·高登请求有空在他的公寓后院小白鼠阿尔吉侬的坟茔上献上鲜花的一刻，真是撕心裂肺，五味杂陈。”

也许“理解是最大的残酷”，艾米丽·狄金森的这句话很好，“我本可以忍受黑暗，如果我不曾见过太阳。阳光刺破我内心的荒凉，它却化作另一种荒凉。”

这本书让我们彻底思考人生，人到底想要什么？什么是最重要的？也许不过是作为一个人被完整地理解、接纳和看见而已。

当下，我推荐给你这本书。也许生活很艰难，但愿我们多一分理解和同情，心怀希望去接纳自己，创造更美好的生活。

——推荐人：孙允广 正和岛公众号主编

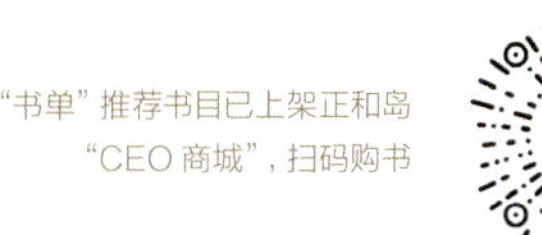

岛语

ZHISLAND TIME

特别策划直播“十日谈”第三季完美收官

2022年11月20日，让千万网友围观、学习、点赞的“十日谈”系列直播第三季再次上线，这期主题为“生意与生活”，让生活成就生意，让生意点亮生活，意在廓清迷局，启人深思，活出精彩。直播内容围绕商业、生活、健康、人文等主题，探讨商业与人生。

本次直播的话题都是企业家关心的实实在在的问题：中小企业如何借力资本市场、大变局下企业如何转型与升级、数字时代如何做品牌与营销、新能源的趋势与商机、企业传承的命门，还包括王阳明如何面对逆境、好CEO有什么特点、亚马逊可借鉴的经验、日本企业为何长寿、如何高质量活到100岁。

回首2022年，共三季“十日谈”，正和岛一共邀请了72位来自各界的重磅嘉宾交流互动，汇聚了许倬云、张维迎、向松祚、秦朔、黄卫伟、滕泰、杨壮等专家；罗杰斯、宋志平、苏敬轼、茅忠群、周海江、丁立国、汪建国、夏华、王振滔等企业家，话题有深度也有广度，总观看量超过2500万，成为2022年现象级直播节目。直播播出后，上千万网友、数万名企业家打卡直播间，远东控股创始人蒋锡培、康恩贝集团董事长胡季强、红豆集团创始人周海江、哈尔滨中央红集团董事长栾芳等知名企业家为节目点赞，并表示很有收获。三季“十日谈”内容在正和岛App均有回放，文字整理已发布在“正和岛”微信公众号。

经济发展离不开观念的进步，正和岛会一直致力于让新商业文明的曙光温暖世界。

陈劲
清华大学经济管理学院教授
刁志中
广联达集团董事长
杜国楹
小罐茶创始人
管清友
如是金融研究院院长
江南春
分众传媒创始人
何志毅
清华大学全球产业研究院首席专家
李旭东
中信建设证券董事总经理
刘东华
正和岛创始人兼首席架构师
米磊
中科创星创始合伙人、联席CEO
彭剑锋
华夏基石管理咨询集团董事长
彭凯平
清华大学社会科学学院院长
秦朔
秦朔朋友圈发起人
宋志平
中国上市公司协会会长
施炜
华夏基石联合创始人
史船
正和岛执行总裁
田涛
著名管理学家、华为高级顾问
汪建国
五星控股集团董事长
王林
正和岛首席经济学家
王明夫
和君咨询集团董事长
王煜全
海银资本创始合伙人
魏杰
清华大学文化经济研究院院长
肖利华
智行合一科技创始人兼CEO
杨云
正和岛高级副总裁
张肇麟
翰澜咨询董事长